AQUARIUS

AQUARIUS

AQUARIUS

AQUARIUS

Catcher

一如《麥田捕手》的主角，
我們站在危險的崖邊，
抓住每一個跑向懸崖的孩子。
Catcher，是對孩子的一生守護。

POWER老師

希望教室

讓孩子潛能大大發光

蘇明進 著

〔自序〕

沒有一個孩子是壞的，他們只是需要被「懂」！

二〇〇九年春天，《希望教室——教孩子一生最受用的36種能力》出版了。感謝大家熱情的推薦，讓這本書獲得相當大的迴響。我的部落格上經常有來自各地、各國的新朋友，和我分享他們從這本書所得到的感動，也和我分享他們在教學上的轉變。二〇〇九年九月及十月，大陸的簡體版，以及馬來西亞的簡體版陸續出版，這真是一件令人十分振奮的消息！

我的心裡其實很激動，畢竟有這個機會，和這麼多人在書的世界裡交流，我真是再幸運不過的人了。

不過接下來好長一段時間，我和出版社都一直在思索著下一本新書的方向。到底新書該有什麼樣的內容，才能真正提供對老師與家長的幫助。

如果說《希望教室——教孩子一生最受用的36種能力》這本書，提供的是一種全新的、有創意的教學，以培養孩子應具備的能力。那麼新書《讓孩子潛能大大發光》，將回到孩子的身上，去探討我們應該用什麼方法，去更了解孩子，讓他們蘊藏在心裡的潛能得以發光、發熱！

這讓我想起教書生涯中的兩個孩子。

第一位孩子是我剛出來教書遇到的四年級學生，那時我剛大學畢業，充滿活力與創意，因此我展現了在教學上高度的熱情，讓這班孩子過得快樂又幸福。

可是我的班上，有位被認定是行為偏差的孩子，他會說謊、偷竊、暴力傾向、對老師頂嘴、缺交功課……每天我都總是要跟他對戰好久。有時候他生氣起來會拳頭緊握，對我怒目相視。那瞪著我的眼神中，充滿著挑釁與不甘心。

我不太明白，我可是用盡了力氣去帶這個孩子，為什麼他不喜歡我？我也不明白，為什麼他才四年級，就已經變成人稱小流氓的角色？

一直到我去當兵了，我變成了一個小小二等兵。排在我上頭有各式各樣的軍官、士官，還有可怕的老兵，我突然變成了一個最低下層的被管理者。面對來自每個管理者的種種不合理要求，我突然明白了那孩子的眼神是什麼！那是一種「只能用眼神來反抗」的唯一出口，是一種「其實你根本就不懂我」的無奈。

退伍之後，我再度回到學校教書。我調整了我的教學方法，我明白只有活力和熱情是不夠的，我應該試著用同理心來和孩子們交心。那兩年是我第一次帶畢業班，我和那群孩子創造了好多的珍貴回憶。不過這個班上，也有個令我束手無策的孩子。

這個孩子總是全身髒兮兮、總是看著我不發一語、他功課經常缺交、經常在教室外遊盪不願進教室……我試過各種方法來帶這個孩子，我甚至還偷偷帶他到校長室去洗澡。看得出來這孩子在行為上有變得比較好，但是我知道，這個孩子其實一點都不快樂。

這麼多年過去了，有一天遇到跟他同一屆畢業的同學，我問起了這個孩子的近況。我很感慨的說：「如果是現在的我，一定有信心可以把這個孩子帶好！」

他的同學笑了笑，說：「我相信呀，因為那是你帶的第一屆畢業班嘛！」

為什麼在這裡我要提到這兩位孩子？因為這兩位孩子，始終在我的心裡牽掛著。我常在想：如果時間可以重來，我會更有智慧去解決他們的問題。我有信心，也有能力把這兩位孩子帶好！

教學就像是一趟旅程。沿途總會遇見各式各樣的美景，以及各種不一樣的孩子。我很感謝我生命旅程的這些孩子，他們讓我體認到我的不足，也為我奠定了帶下一屆孩子時的經驗與方法。

我的部落格常有老師發出SOS訊息，他們總是為班上孩子的偏差行為而頭痛不已，我也試著提出一些實質的教學經驗與方法。但其實，教學真的是一趟孤獨的旅程，你必須親自走過了，你才懂得這事情發生的原因與箇中的滋味。

我真正想告訴這些老師，應該要改變的，是他們看待孩子的態度和方法。老師看待孩子的態度，正決定教學的成敗。

我比其他老師，花了更多時間在調整我班上孩子的「心」；我也比其他老師，更用心在品德教育上。有些老師會說：「教書都來不及了，還做這麼多做什麼？」但十幾年的教學經驗卻告訴我，這才是教學的核心！

師生關係一旦建立合諧了，老師無須多說什麼、多做什麼，只要一個眼神，自然會達到我們要的教學效果；也由於我們喚醒孩子內在的自律感，教室內不再吵吵鬧鬧的，我們反而能縮短教學時數，卻創造出令人驚豔的教學品質。

所以我想讓《讓孩子潛能大大發光》這本書，回到教育的最原點，也就是回到孩子的本身。我想帶領著大人如何去欣賞你的孩子，如何真正去懂你的孩子。就像我常分享的信念：沒有一個孩子是壞的，他們只是需要被「懂」罷了！只要遇到一個「懂」他的大人，他就能將遮蓋優點的塵埃擦拭乾淨，讓那潛藏許久的能力釋放出來。

老師算是孩子某種程度上的家長；但在某種程度而言，家長也算是孩子的老師。這書中的觀念，不單單只適合在教室裡頭，如果家長有心，也可以試著把這些方法運用在家庭的教養之中。有讀者提到，他在家裡也讓他的孩子去寫反省單，藉由反省單和他的孩子做深層的對話。

書中提到的〈從畢旅談犧牲〉一文，也很適合於在家裡容易和兄弟姐妹吵鬧的孩子。我們在家中凡事力求公平，反而容易造成孩子彼此間的比較心。家長應該要創造出各種機會，讓他們去感受一下：原來偶爾小小的犧牲，也能獲得這麼多好處？

如果您把這本書當作是一本校園故事集來看，五十篇故事，也足以消磨、打發掉不少的時間。但如果您願意去留意，我在字裡行間一直想和大家分享的體悟與信念——用柔軟的眼神看待孩子、願意為了孩子而改變、找出任何一種和他深層對話的可能。那麼您會發現您身邊的孩子，正開始學會微笑；那潛藏在內心的熱情，也即將會大大的發光、大大的發熱！

史無前例！全台100個學校讀書會大力推薦！

（依推薦先後順序排列）

1 雲林縣鎮西國小下午茶讀書會
2 桃園縣迴龍國中小迴頭是岸讀書會
3 台南市億載國小快樂百合讀書會
4 台中市國安國小藍天讀書會
5 台中市樹義國小綠意書香讀書會
6 國立台中教育大學附設實驗小學SMART專業社群
7 南投市南投國小仙草幫讀書會
8 台北市私立華興小學河馬讀書會
9 台中縣爽文國中好爽讀書會
10 台北市復興小學開心讀書會
11 台北縣義學國小太陽能發電讀書會
12 南投縣炎峰國小hight課讀書會
13 彰化縣湖東國小讀我讀我讀書會
14 台中縣立新國小探索營讀書會
15 台中市力行國小身體力行讀書會
16 屏東縣仙吉國小好書大家讀讀書會
17 台中縣烏日國小孟宗竹讀書會
18 台北市東門國小向日葵讀書會
19 台南市海佃國小快樂傻瓜讀書會
20 台南市大光國小就是愛看書讀書會
21 雲林縣麥寮國小愛閱讀書會
22 台南市東光國小快樂讀書會
23 東海大學景觀教育讀書會
24 高雄縣林園國小下午茶讀書會
25 高雄市獅湖國小舒服特賣讀書會
26 台南縣新民國小德來樹讀書會
27 台中市四維國小風簷展書讀書會
28 台中縣大元國小源源讀書會
29 台中縣爽文國中教師讀書會
30 新竹市大庄國小一定要認真讀書讀書會
31 台北縣修德國小悅讀讀書會
32 台中縣上楓國小忙裡偷閒讀書會
33 桃園縣龍星國小星書閣讀書會
34 台中縣桐林國小青桐林讀書會
35 高雄市光武國小光武教甄讀書會
36 苗栗縣苑裡國小苑裡國小讀書會
37 台北市士林國小八芝蘭讀書會
38 彰化縣潭墘國小歡樂讀書會
39 台南市安慶國小捷思讀書會
40 台北市明德國小幸福讀書會
41 桃園縣東安國小想想讀書會
42 澎湖縣講美國小開講讀書會
43 新竹市關東國小好享讀讀書會

44 高雄市民權國小耕讀實作讀書會
45 台南市永福國小永遠幸福讀書會
46 苗栗縣通霄國小教師會讀書會
47 苗栗縣通霄國小多多讀書會
48 雲林縣鎮西國小阿熊讀書會
49 新竹縣寶山國小小松鼠讀書會
50 高雄市陽明國小向日葵讀書會
51 台北縣三峽國小南南讀書會
52 南投縣鳳凰國小鳳凰讀書會
53 台中市力行國小希望讀書會
54 彰化縣好修國小好修讀書會
55 台北縣米倉國小黑熊讀書會
56 台北縣米倉國小小米蟲讀書會
57 台北縣水源國小水源讀書會
58 新竹縣信勢國小快樂讀書會
59 彰化縣培英國小快樂教學讀書會
60 彰化縣和東國小百合精靈讀書會
61 南投縣新豐國小樂在其中讀書會
62 彰化縣東芳國小精靈讀書會
63 澎湖縣鎮海國中菊島希望讀書會
64 台中縣內埔國小向日葵讀書會
65 澎湖縣文澳國小開心圖書館讀書會
66 台中縣豐田國小向陽讀書會
67 澎湖縣赤崁國小肉腳鐵騎讀書會
68 澎湖縣成功國小姐妹讀書會
69 台北縣八里國小八里知音讀書會
70 台北縣八里國小南之雲讀書會
71 澎湖縣中山國小山中傳奇讀書會
72 南投縣鳳凰國小小書蟲讀書會
73 澎湖縣文澳國小悅讀樂讀讀書會
74 台中縣塗城國小畔溪讀書會
75 高雄市三民國小創音讀書會
76 宜蘭縣頭城國中教師讀書會
77 台南市南興國小熱血讀書會
78 台中市永春國小Toujours讀書會
79 台南縣茄拔國小嗜讀情深讀書會
80 台北縣麗園國小麗園讀書會
81 台中縣大雅國小雅閱讀書會
82 屏東縣長樂國小快樂讀書會
83 台中市樹義國小書雨讀書會
84 台中市信義國小三八三八讀書會
85 台中市信義國小三三三讀書會
86 南投縣私立普台國小LA LU讀書會
87 宜蘭縣北成國小教師讀書會
88 高雄市內惟國小老師愛讀ㄙㄨ讀書會
89 苗栗縣卓蘭國小誰說老師不讀書讀書會
90 屏東縣古華國小還在想讀書會
91 台北縣光復國小教師讀書會
92 台中縣豐田國小小豆苗讀書會
93 台北市北投國小輔導教師讀書會
94 新竹縣中山國小愛閱讀讀書會
95 屏東縣水泉國小正向讀書會
96 桃園縣大竹國小義氣相挺讀書會
97 澎湖縣將軍國小小將讀書會
98 彰化縣鹿港國小教師讀書會
99 台南市復興國小讀一無二讀書會
100 新竹縣福興國小快樂讀書會

目錄

激勵方法 1

機會教育（一）——從畢旅談犧牲

這些孩子，在犧牲的過程中，不斷的放下自我而提升了心靈的層次；也深刻感受到這犧牲的過程中，所蘊含的深層意義與真實的幸福感。

六年級的畢業旅行，應該是每個孩子最朝思暮想、最想參加的學校活動吧？這次班上去墾丁的畢業旅行，每個孩子都玩得十分盡興，不僅在營火晚會上感動得彼此抱頭痛哭；甚至還主動加碼說他們想多玩個幾天。看著部落格上一張張笑開懷的照片，就可以知道這趟畢業旅行，已變成了他們收穫滿滿、六年來最難忘的一段回憶了。

但是其實去畢業旅行前，發生了一件滿棘手的事，那就是——在住宿房間的規劃上，班上有三個孩子必須要拆班，和別班同學湊成一間寢室！

我知道這是件很令人沮喪的事，畢竟這是他們期待很久的畢業旅行，大家總是希望能在房間裡和同學聊聊心事、嬉鬧一整晚。如今，必須有三個人「犧牲」，誰也不想這件苦差事落到自己身上。

我說：「沒辦法，因為人數的關係，我們必須有三個同學被抽離出來，和別班同學湊成一間房間。我知道這很為難，不過我們真的需要三個同學……」話說完，每個人都低著頭，沒有人想被老師點到。

我等了一會兒，還是沒有人答腔。

於是我微笑的看著嫻嫻，想請她幫忙。嫻嫻是我第一個就想到的最佳人選，因為嫻嫻的個性大方、懂得自high，而且交友極廣，我想隔壁班應該也有她認識的朋友吧！果然沒啥心機的嫻嫻先是想了一下，然後就開心的答應了。不過，她說：「但是，還要有兩個人陪我才行！」

我點點頭，語重心長的說：「很多人問我書上封面的女孩子，是個什麼樣的孩子。我說她呀，是個心很好的孩子。雖然剛開始她有點大小姐脾氣，例如之前在掃廁所時跟我大喊著『我不要掃廁所，廁所好髒』，但是後來我進去廁所看，所有人裡掃得最好、最認真的人，卻是嫻嫻。她的心很好，很單純，這種為團體犧牲自己的偉大情操，更值得我們尊敬。」

說完我又看了大家，繼續等著另外兩個人舉手自願。不過等了許久，還是沒有人願意跳出來。於是我繼續微笑的說：「那……我們就這麼一直等，等看看有哪兩位同學會自願舉手。」

我站在台上望著他們，他們也頭低低的不知所措。這幾分鐘對他們而言，應該有如一世紀那麼漫長。後來，小琪姐姐慢慢的舉手了，阿潘也跟著舉手了，全班爆出熱烈的掌聲。

我看得出來小琪姐姐那臉上小小的落寞，於是我讓她們好好去想一下，願意了，再來答應這個請求。反倒是有一群男生也一直舉著手：「我、我、我，老師，我要自願！」呃，這是女生寢室，你們想做什麼呢？

解決了這個問題，接下來就是編小隊，這時我說：「剛才有『犧牲』的人，可以優先選擇。」這些「自願犧牲」的人滿心歡喜的衝出來選擇自己喜歡的小隊。

後來又到了編桌次的時間，我說：「剛才有『犧牲』的人，可以再出來優先選擇。」於是這些「自願犧牲」的人，再度爆出一聲歡呼。而其他人這時才驚訝的發現：原來自願犧牲，可以得到這麼多好處呀？

我站在台上，和他們聊了好久有關「犧牲」這件事。我說：「**每個人都想保護自己的好處，而不願當團體裡被犧牲的那一個。只是當一個團體中的每個人都這麼想，那麼整個團體就做不了事、達不成共識。反過來說，這些會願意為大大的團體，犧牲掉自己小小的福利的人，才是最偉大的、最值得我們尊敬**。有時候，吃虧其實是佔便宜，等你長大了，你會明白這個道理。」

後來呢，畢業旅行當天要上車時，我又喊：「來，之前那些有犧牲的人，優先上車選位子。」這幾個孩子歡呼著一溜煙跑上車。發飲料有多餘的，「來，之前那些有犧牲的人，再發給你們一罐。」反正在畢業旅行過程中，只有少數人得福利時，我就會大叫「有犧牲的人出來」，其他孩子看了簡直都快妒忌得噴火了！

幾個孩子不約而同的都在聯絡簿裡談到「自願犧牲」的心路歷程，以及之後所獲得的好處。孩子小琪姐姐說：

> 今天下午班上討論畢業旅行的組別，因為人數無法平均分配，所以必須有三個人和七班的同學合併。一直期待著畢旅的到來，可以和班上同學們相處三天兩夜的時光，可是遇

到這種狀況，也是無法避免的。換個角度想，或許因此可以認識新朋友，獲得友誼，那也是一件值得高興的事。希望這次的畢業旅行可以為我們留下美好的回憶。

犧牲，是需要放下自我利益來成就別人，當然會有捨不得的感覺。不過這些孩子，卻在犧牲的過程中，不斷的放下自我而提升了心靈的層次；也深刻感受到這犧牲的過程中，所蘊含的深層意義與真實的幸福感。

當老師與當家長的大人，真的要把握這隨時的機會教育，為他們創造一個良性互動的、真正能體驗良善品德的環境！如此我們的孩子，就會把這品德的學習經驗放在心裡，而不是放在嘴巴上。

激勵方法 2

最受學生歡迎的輔導——乖乖椅

通常坐到乖乖椅的孩子，坐沒兩天，行為表現上就會變得乖乖的，甚至還比其他同學來得好。有時坐在乖乖椅上的孩子會轉身過來，貼心的幫老師許多的小忙，例如：發作業、跑跑腿……善良得跟天使沒兩樣。

如果孩子的表現一直不穩定，該鼓勵、該讚美、該勸導的話都說盡；唸也唸過了，但是一點效果都沒有，那該如何是好呢？老師啊，千萬不要落入「體罰」的迷思。我想，乖乖椅是個隔離師生情緒的不錯方法。

乖乖椅很像是一般所說的「特別座」，但是這兩者有著截然不同的出發點。不同的是，乖乖椅一定要設在老師座位的旁邊，愈近愈好。如果我的座位旁邊比較空曠，乖乖椅就會緊鄰在我旁邊；如果不太方便，乖乖椅就會在我的前面。乖乖椅並不是一種「處罰」，我覺得反而是一種就近照顧的「輔導」。

由於乖乖椅就在老師的身邊，老師可以隨時觀察到這孩子現在又在做些什麼事，隨時給予正確的提點：「坐姿坐好一點……椅子靠進去一些……課本拿出來啦……哎呀，上課講話要舉手……」

老師也可以隨時跟他聊個小天、噓寒問暖一番；或者摸摸他的頭，讚美他進步了；有時還可以偷偷塞給他一包餅乾。讓「需要被老師關愛」的孩子，可以與老師有更親近的接觸。同時，老師在無形中散發出來的「身教」，更無時無刻的影響這位孩子。

所以我們要著重於「輔導的歷程」，而非著眼於「孤立」或是「處罰的效果」。既然它是一種輔導方法，不要讓孩子有負面觀感是很重要的。

通常坐到乖乖椅的孩子，坐沒兩天，行為表現上就會變得乖乖的，甚至還比其他同學來得好。有時坐在乖乖椅上的孩子會轉身過來，貼心的幫老師許多的小忙，例如：發作業、跑跑腿……善良得跟天使沒兩樣。

最近我還想了個小撇步，增加這種行為改變的效果——那就是**在乖乖椅的桌上，再貼上一個透明夾，將當事人所寫的反省單放在透明夾中，讓他們隨時可以看到反省單；也讓這張反省單時時提醒著他們自己——記住當時真誠面對自己的反省心，也記住當時立志想改變的決心。**

通常幾天後，就會換另一個孩子前來讓老師「照顧」一下。

但是，偏偏有些孩子叫他們回去時，怎麼也趕不回去。問他們為什麼不回去，孩子會說：「因為坐在這裡很好玩，還可以跟老ㄙㄨ聊天……」

孩子呀，我只能說，你們實在是太「可愛」了……

激勵方法3

聯絡簿創意大變身

透過每天的善行日記，孩子能體察別人的恩德，也能勉勵自己多為他人付出善行，同時更能修正自己，把自己變成更好的人。

來自國外的網友留言問道：「聯絡簿看起來是你和學生之間互動良好的工具，請問這是如何實施的呢？」

事實上，常窩在老ㄙㄨ的部落格的朋友，一定對這些聯絡簿短文不陌生；很多感人、爆笑的小故事，都來自於孩子們的聯絡簿。

外國的朋友可能不了解什麼是「聯絡簿」。這聯絡簿不過就是讓孩子抄寫作業項目的普通簿子罷了，不過我希望這樣制式的抄寫作業，能賦予它更多的可能性。所以我讓孩子們在聯絡簿裡加入大量的語文訓練，讓聯絡簿變身成創意的自學工具。

通常批改這聯絡簿短文，每天需要一節多的空堂；疊起來高度有些嚇人，半學期就可以疊四枝原子筆的高度，並且需要三個孩子才搬得回去。

只是這些聯絡簿裡，究竟藏著什麼大祕密？

孩子們的聯絡簿裡，除了作業項目抄寫之外，每天還要多寫兩篇短文附在聯絡簿上。

第一篇短文是「每日創意短文寫作」，這主要是訓練他們的語文創作能力，剛開始最少寫七句即可。從週一到週五各有不同的主題，例如：

星期一是「最快樂的事」，記錄當天或當週最快樂的事，好消除週一症候群。

星期二是「成語時間」，運用三個以上的成語來創作故事，可以提升成語運用能力。

星期三是「寫信給老ㄙㄨ」，想對老師說什麼，全都可以寫在裡面。

星期四是「創意急轉彎」，以老師出的四個天馬行空語詞，創作出一篇篇精采的創意故事來。

星期五是「新聞新知」，剪報一篇並做評論，培養孩子關心時事的能力。

我自己和孩子們最喜歡星期三的「寫信給老ㄙㄨ」。

「寫信給老ㄙㄨ」可以打破師生之間的隔閡，讓我們師生變成無話不談的好朋友；而這種「跟老師說心裡話」的語調，會延續到每天的短文寫作上，於是每天我都有聽不完的笑話、八卦，以及孩子急欲和我分享的心情點滴。

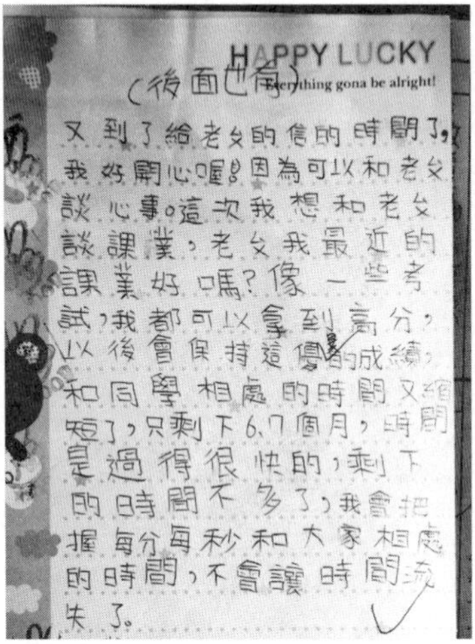
HAPPY LUCKY
Everything gona be alright!
(後面也有)
又到了給老ㄕ的信的時間了，我好開心喔！因為可以和老ㄕ談心事。這次我想和老ㄕ談課業，老ㄕ我最近的課業好嗎？像一些考試，我都可以拿到高分，以後會保持這優的成績，和同學相處的時間又縮短了，只剩下6、7個月，時間是過得很快的，剩下的時間不多了，我會把握每分每秒和大家相處的時間，不會讓時間流失了。

我常說，**如果我比起別的老師有什麼不同，那麼最不同的應該就是我太了解我手上的每個孩子了。**

在文字裡，我閱讀到一篇篇關於他們的故事、他們的家庭、他們的生活點滴……所以每個孩子對我而言，都是獨一無二而珍貴的；也因為他們是如此的獨一

無二，所以面對不同的孩子，我會有不同的做法與教法，而那才是最適合他們的教學方式。

第二篇要寫的短文，是「每日善行日記」。這是福智文教基金會努力在推動的品德教育策略之一。我自己看了很喜歡，就將它運用在班級上。「每日善行日記」共有三種類型，孩子們可以自己挑一個來寫：

一、觀功念恩：觀察身邊的人對自己做了什麼好事，用感恩的心情將這件事描述出來。

二、善行：如同童軍的「日行一善」，寫下自己每天幫別人做了什麼好事，也順便讚美自己一下。

三、反省：如同曾子的「吾日三省吾身」，反省自己每天需要修正的地方，並提出改進的方式。

透過每天的善行日記，孩子能體察別人的恩德，也能勉勵自己多為他人付出善行，同時更能修正自己，把自己變成更好的人。

這也是為什麼總有人說：「老ㄙㄨ為什麼你班上的學生，總是那麼貼心、每一個看起來都像小天使般的善良？」我想，那是因為我鼓勵他們去觀看人性中最美好的部分，也期許他們一直往這方面不斷的修正。

通常一個學期左右，孩子們就會愛上寫聯絡簿短文這件事，製造出一本又一本厚厚的，他們口中所謂的「冰箱」聯絡簿來。這些可是他們最珍貴的成長回憶，還有不少孩子說要把這些聯絡簿，當成是傳家之寶的收藏呢！以下是啊冰寫給ㄙㄨ的信：

> 老ㄙㄨ，我五上、五下和六上的聯絡簿都有存起來唷！結果我媽媽就說：「好厚唷！不要了，丟掉吧！」我說：「什麼丟掉？才不要呢！」現在已經三本囉，我覺得以後都要把聯絡簿留下來，之後就成了「傳家之寶」！

於是每天翻開聯絡簿，彷彿是欣賞了一篇篇精采又動人的故事。雖然每天會花去我一節多空堂的批改時間，卻是每天我和孩子們最美麗，也令人最期待的甜蜜約會。

激勵方法4

唸出好文，全班感情超棒

一篇又一篇的短文，不斷串連起無數個令人動容的故事；而一波波的感動正席捲著我們，正如同漣漪一般，在我們班上來回的擴散著。

最近讓孩子們把文章唸出來變成「口述作文」，在我們班上起了莫大的作用。不僅**有效提升孩子們在「質」的寫作程度**；連帶的，也影響著整個班級經營，增進了孩子彼此之間的感情。

例如最近翻開小璇的聯絡簿，就常被她給嚇到。她可以一個晚上一口氣就寫了滿滿的五、六大張紙，寫作能力可說是突飛猛進。明明她在剛開學時，只能寫出幾句話，故事也很無厘頭，經常都要媽媽傷腦筋、幫忙打草稿。

我其實沒做什麼事，只不過是在他們每天寫作的聯絡簿上，找出優秀作品，在上

嚇死人了，這是一天的分量？比一個人還高？

頭寫上「可唸」兩字而已。

這讓健忘的老師鬆了一口氣，因為我只要對著全班說：「今天你的聯絡簿上面，有被寫上『可唸』的人，請出來唸給同學聽，和大家一起分享你的好文章吧！」

短文寫得好的人，會受到老師的肯定、受到同學的推崇；而如果被同學寫到優秀事蹟的同學，也可以一併上台來領小獎卡。如此一來，又會帶動起一陣陣班上同學彼此協助、互相關心的風潮。

上個禮拜，孩子阿漢不經意的說出他即將轉學的消息，呆純上台分享了她覺得很震驚、很捨不得的心情。

> 請問老師，阿漢真的要轉走了嗎？如果阿漢真的要轉走的話，我們都會很難過的，真希望他別轉走。他如果轉走的話，我們這一班就會少一位開心果了！
>
> 雖然阿漢常常惹老師您生氣，但是他有的時候很好笑呢！我一聽到這消息，我超級驚訝的，而且那時候反應根本就轉不過來！不知道為什麼他要轉學？

阿漢算是一個過動兒，永遠靜不下來；每五分鐘就需要我出聲制止、每十分鐘

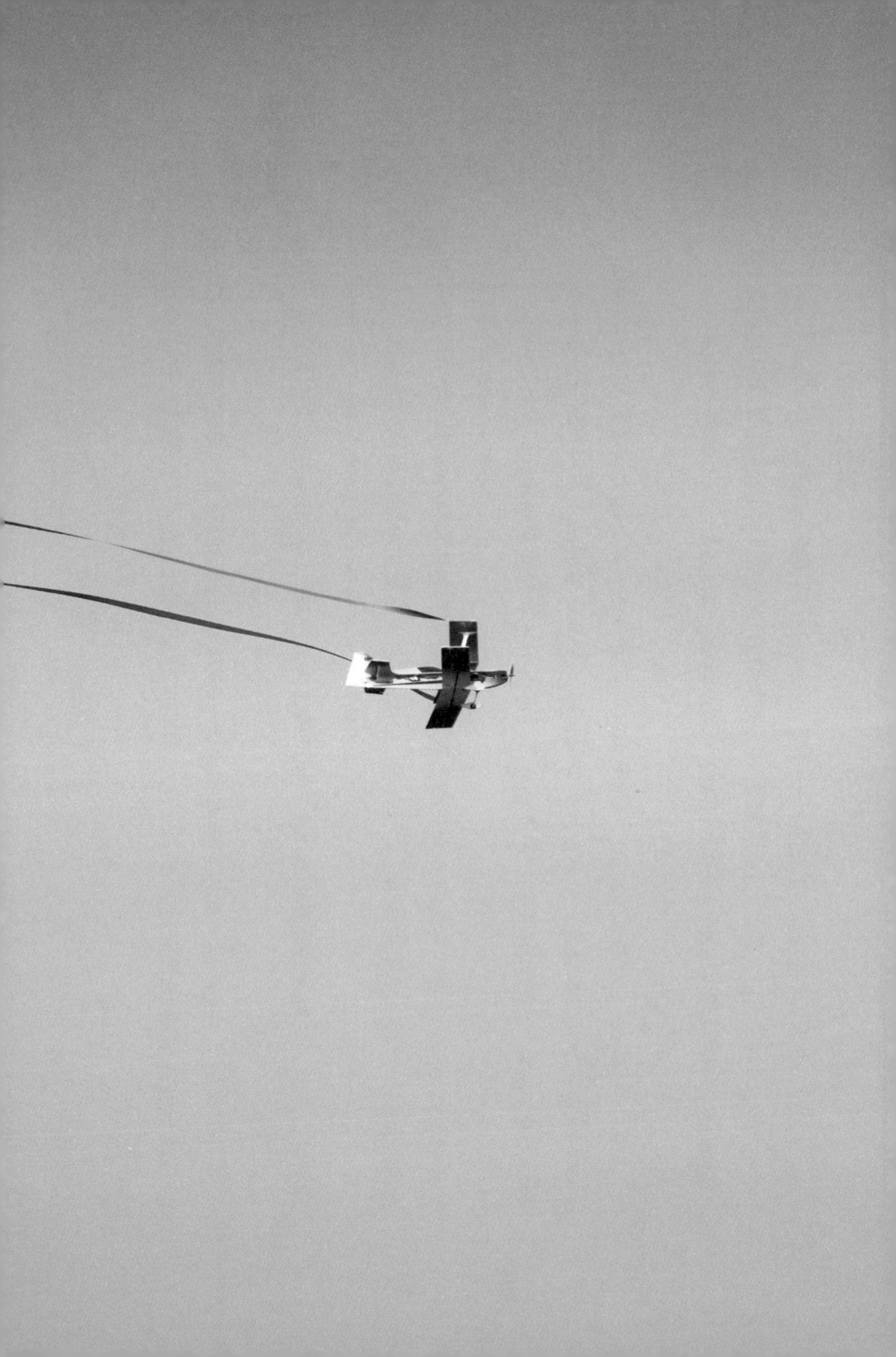

就會惹出一件禍端。不過我還滿喜歡這個孩子的，因為他的內心有著極細膩的溫柔心思。我翻出前幾天阿漢寫的短文，換他上台去唸唸他即將離去的心情。

老師，我可能要轉走了。為了以後的國中著想，我得離開活力黑皮班。我的心裡有萬分的不捨，因為我即將要和我多年的朋友說再見。

對老ㄙㄨ來說可能會很開心，因為少了一個壞學生，我會珍惜剩下來和大家在一起的每一分、每一秒。希望在這段期間裡，大家可以每天和我開心的一起玩，也希望以後大家的學業會更上一層樓。

老ㄙㄨ謝謝您教導我，雖然我不確定時間，可是我已經確定要走了。以後我會常回來看老ㄙㄨ！老ㄙㄨ您一定要開心送我走！祝老ㄙㄨ天天快樂，和師母過得白頭偕老；最重要的，就是祝全班和老ㄙㄨ，平平安安、健健康康！小心天氣的變化，不要感冒了！

唸著、唸著，台下開始有人擦著眼淚。有孩子說：「聽完好難過喔！」下課後，有幾個感情豐富的孩子，還抱在一起默默的流眼淚。

我說：「你們會不會感情太豐富了一點？來，我來拍一張照片。」

隔天，換飯糰上台分享她的心情點滴。

今天我聽到阿漢的短文，聽了超難過的，尤其是他每一句話，都是發自於內心。他的文筆很好，他的每一句話都充滿了感情，實在教人沒有辦法不痛哭流涕啊！

他的那一篇文章，充滿了感情和淚水，不管看多少遍，我還是會難過流淚。想必他在寫這篇文章時，也哭紅了眼睛吧？雖然他常讓老ㄙㄨ生氣，但是他也有善良的心；雖然有時我會和他鬥嘴，兩個人吵翻了天，但他還是我們「活力黑皮班」的開心果，他負責的工作跟我一樣，就是讓大家開心！

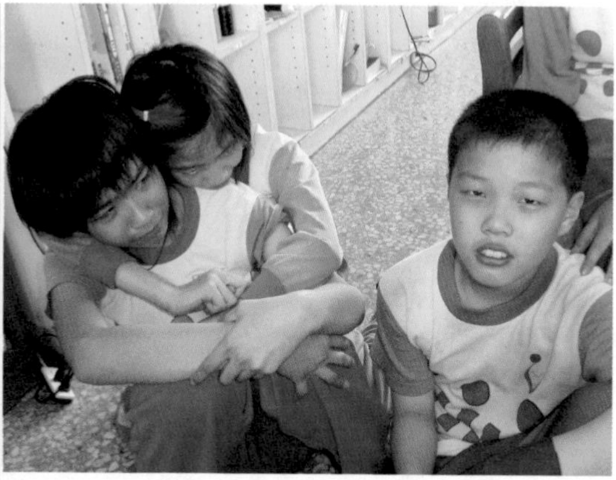

如果少了他一個人，就等於一塊大pizza少了其中的三十二分之一塊，這樣就不是一塊獨一無二的pizza了。所以我要謝謝他，讓我知道友情是

很珍貴的，要珍惜相聚時的每一分、每一秒！

於是這一篇又一篇的短文，不斷串連起無數個令人動容的故事；而一波波的感動正席捲著我們，正如同漣漪一般，在我們班上來回的擴散著。

透過孩子們的感人文筆，我們可以深刻感受到：原來每個人的內心世界，有這麼多不同的樣貌；也透過這樣的口述分享，我們才發現：**原來我們彼此的心，可以這麼貼近，可以這麼的富有同理心。**

激勵方法 5

善用遊戲，學習加倍（一）——我們都愛小番茄

謝謝小番茄和老ㄙㄨ，發明了這麼好玩的遊戲！不但可以加強我們的數學能力，還可以快樂的上課，真是一舉兩得啊！

1

今天的午餐水果是小番茄，原本就不愛吃水果的他們，每回總是會剩五分之一袋左右，但是今天更誇張，剩下近半袋的小番茄。

我大驚失色，於是我有個瘋狂的想法。我先請「因打掃時間不愛打掃、結果被我

鎖在身邊」的阿揚，讓他去把整袋的小番茄洗乾淨。我還特地交代：「要洗到每一顆都沒有農藥才行喔！」

人真是奇怪，在阿揚洗小番茄的同時，就開始有人偷偷吃著他的小番茄，阿揚急得大叫：「啊，不要吃我的小番茄啦！」咦？你們不是不要吃小番茄嗎？

每一顆被洗乾淨的小番茄，被盛好擺在講台前，在水滴與光線輝映下，顯得鮮豔欲滴。

接著，我們上數學課了。

我很故意的當著全班的面前，吃了一口番茄，誇張的說：「喔，小番茄真是好吃呀！」緊接著又塞了一口小番茄在嘴裡，學著貴妃的語氣又說：「啊是天然ㄟ尚好（台語）……」這麼一演，全班孩子都吞著口水說：「老師，我們也要吃小番茄……」不行喔，你們不是不要吃小番茄嗎？

接下來教的是新單元——柱體的體積。我把所有的柱體公式全整理出來，並且教他們演練過一遍，接下來我說：「待會兒我要考考你們，答對的人，就可以獲得小番茄一顆。」

這對他們而言，真是一個奇怪的獎賞，不過孩子們顯得興致勃勃的。

我把所有的圖形配上一些數字，並且要他們照著正確的式子列出，寫在小白板上，寫完的人趕緊拿出來給我看。答對的人，就可以親口獲得老ㄙㄨ餵一顆小番茄。

「阿榮，你最棒了。來，啊，吃一口喔……」

孩子們絡繹不絕的排在我面前，有的答對，有的答錯。不過我有沒有看錯呀，答對的人，我竟然看到他們以狂喜的表情吃著小番茄？而答錯的人，臉上竟然有一絲的落寞？

「好啦，第一題只是測試題，每個人都還是可以吃到一顆小番茄。不過第二題就要來真的，算式寫錯、單位寫錯，通通都算錯，都——不——能——吃——小——番——茄——！」

第二題很快的就佈好題了，阿冰緊張的來到我面前，答對了。她發出一聲歡呼聲：「耶，我可以吃到小番茄了。」

沒有答對的人，則是在一旁幽幽的冒出一句：「喔，好好喔，我也好想要吃到小番茄……」

一直到第四題，情勢愈顯緊張，因為碗裡的小番茄沒剩幾顆了，但是第四題的數字愈來愈複雜，貪急算快的孩子，很容易就寫錯了！「還有十一顆……十顆……九顆……五顆……」一旁的孩子緊張的說：「哇，沒想到上

數學課會是這麼緊張啊？好好玩喔！」

最後碗裡的小番茄只剩四顆，下課鐘聲就響了。

一大袋的小番茄，我們玩了一節數學課，就像《湯姆歷險記》裡刷油漆的劇情。這群爆笑的孩子們，簡直讓我笑翻了。

對了，你們不是不要吃小番茄的嗎？

2

今天的午餐水果，又出現小番茄，我心想：糟糕，大事不妙！果然，小番茄又剩下半袋。

當然我可以把它們發下去，強迫他們每個人都要配額幾顆。不過，讓我改變心意的是孩子們的爆笑話語，因為他們說：「耶！又可以玩小番茄了！」呃，這些無厘頭的孩子們，小番茄是拿來吃的，不是用來上課的。

不過今天我們有新的玩法，在進行「算數學搶小番茄」遊戲之前，我想起班上有些孩子非常討厭吃番茄，於是我說：「來，很不喜歡吃小番茄的人請舉手！」三五個孩子舉了手，我再以迅雷不及掩耳的速度接著說：「好，這些同學，如果可以吃下兩顆小番茄的話，可以幫他們那組加三十分！」

此話一出，全班幾乎變成大暴動！不喜歡吃小番茄的三個孩子，嘴巴旁被「ㄉㄨ（台語）」了兩顆番茄，而耳朵旁盡是所有人的拜託聲：「拜託你吃一下嘛，很好吃的……我給你跪下啦。」最後，終於有人勉為其難的吞下了兩顆小番茄，當場搶到三十分，變成小組裡頭的超級偶像！

那其他組別內沒有討厭吃小番茄的人，該怎麼辦呢？我說：「來，請你們那組內，最喜歡吃小番茄的人請出來！」於是一大堆小勇士衝向講台前，我再從中每組各選了一位，接著我不動聲色的繼續說：「這三位同學，即將接受小番茄的『魔鬼試煉』，很恐怖的！通過的人，可以幫他們那組加三十分！」

這三位勇士紛紛拍著胸脯說：「老師，我要三十分！」

「很好，很有鬥志！不過這魔鬼試煉真的很恐怖喔，想到我的頭皮都會發麻咧！這第一個試煉，就是……就是……」我故作玄虛的繼續說：「就是……嘴裡含一顆小番茄，一直到下課都不能咬破它，就算成功了。」

我話還沒說完，全班響起一片噓聲。

喂喂喂，大家呀，這可是很恐怖的魔鬼試煉啊！要知道嘴裡有個喜歡吃的東西不能吞下它，是件多痛苦的事啊！不過呢，勇士們還是興高采烈的把小番茄給含到嘴裡了。

於是我們開始算起數學題，每算對一題，每個人都可以獲得一顆小番茄，答對的人排成一排來領小番茄，大家都排隊排得很開心。

突然，我的耳邊傳來不清不楚的說話聲：「老師……那我們嘴巴裡……有小番茄的……該怎麼辦？」

原來每答對一題，這三位小勇士的嘴裡就會多一顆小番茄，我們算了三題，還有加碼題一次送兩顆，所以鐘聲響時，三位勇士的臉頰都鼓了起來，嘴裡滿滿的都是小番茄。

「最後最恐怖的魔鬼試煉來了，那就是……把你嘴裡的小番茄咬碎吃掉，可是呢，卻不能噴出汁來……」我像個綜藝節目主持人，誇張的手舞足蹈的說著。

「咔喳……噗哧……咔嚓……噗哧……」在一陣番茄汁亂噴的混亂場面中，我們又再度度過了一次有趣的數學課啦！

隔天孩子的聯絡簿裡，出現了精采的數學課現場轉播。

今天最後一節課，我們上數學課時，又再吃小番茄了。本來又酸又不好吃的小番茄，經過老ㄙㄨ一變，成了人人愛搶的好番茄。令我印象最深刻的是有幾個男生站在台上，老ㄙㄨ拍完照後，就「喀嗞」一聲咬下去。阿揚嘴巴裡的番茄汁都飛出來了，這就是嘴巴太小的緣故。

總之，謝謝小番茄和老ㄙㄨ，發明了這麼好玩的遊戲！不但可以加強我們的數學能力，還可以快樂的上課，真是一舉兩得啊！

沒想到只是簡單的轉化一下教學方法，數學課和小番茄，怎麼都變得這麼有趣又可口起來了呢？

激勵方法6

「愛的小叮嚀」卡片

「功課常缺交」1、2、3號先生，雖然仍有少部分沒完成的作業，但他們以前所未有的積極速度，完成了所有作業的補交。

「不夠氣質美女」6號小姐，努力的壓住自己的大嗓門，輕聲的對男生說：「不好意思，借我過一下。」

1

我必須自首，最近的我，實在是太愛碎碎唸了，唸到我發現全班都被我唸成臭頭了，這……算不算是老頭子年紀大了的徵兆呢？

再這樣下去不行！從他們呆滯的眼神中，我發覺周公愈來愈愛到我們班上串門子了，所以經我苦思了一個晚上，今天早上突然靈機一動，打算對他們使出「愛的小叮嚀」大絕招。

我試著釐清這陣子究竟是哪些人在班上一直出狀況，然後我寫了一大堆小卡片，用頒獎的方式，貼在這些孩子的桌前。希望他們每抬頭一次，就記住一次老師的叮嚀；也希望用關心的語氣，來取代令他們不愉快的碎碎唸。

所以，我寫下：

我知道你們並不壞，
拜託，讓我愛你們一下好嗎？

愛與人爭吵的孩子，
我想提醒他心要像海綿一般。

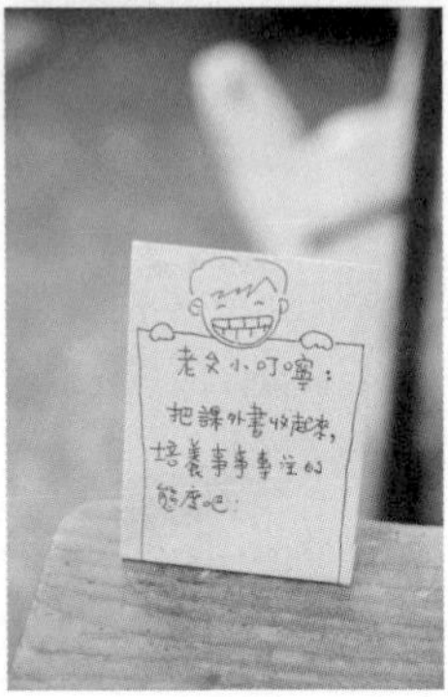

一直困在書的世界，
忘了把自己本分做好的孩子，
書先收起來才對。

幾個愛嚷嚷、喜歡大呼小叫的女孩們，如果期許自己當個氣質美女，那該有多好哇！

上科任課怎麼那麼愛講話？只好請他們講話前要舉手啦。

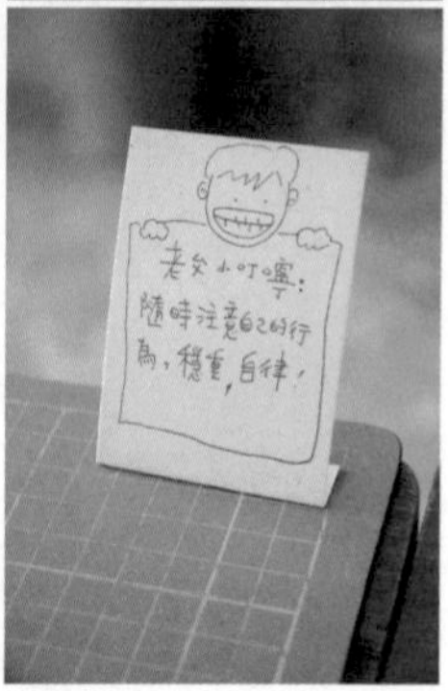

三分鐘就要老師提醒一次、五分鐘就會闖禍一次的孩子，只能教他自律的道理。

收到「愛的小叮嚀」卡片的孩子，臉上都帶著一抹不好意思的笑容。這是他們長久以來知道該改進的缺點，他們自己也很清楚，幾個孩子也跟我反應：這麼一貼，感覺很有被提醒的效果，他會多注意的啦！

我要謝謝老ㄙㄨ給我的小叮嚀，我一定會做到的！我要學習多「忍耐」、「容忍」別人。其實我自己也有很多、很多的缺點；但是自己只看到別人的缺點，從來也沒有想過自己是否也有同樣的缺點。

老ㄙㄨ我會加油的！

不過我也發現：這招對於「情節比較不重大」的孩子比較有效；積習已久的孩子不好意思的笑了笑，一節課過後又發作了。沒關係，老ㄙㄨ我天生就有個拗脾氣，我會一直努力的貼下去的，一直貼到這張小叮嚀卡片發揮作用為止。

2

「愛的小叮嚀」大絕招，持續發酵中。

上課還沒進教室，我在樓梯口遇見「功課常缺交1號先生」，他正準備幫我提背包。

我微笑的對他眨了眨眼，說：「今天，會讓老師愛你嗎？」1號先生不好意思的笑了笑，說：「應該……會吧？」

在班上掃地區域，又遇到「功課常缺交2號先生」。

2號先生認真的拿著拖把在掃廁所，我向他招了招手，對他笑著說：「今天，老師會愛你嗎？」2號先生也是一副不好意思的笑容，他說：「我今天應該會讓老ㄙㄨ

愛我……」

轉進教室的走廊，遇到「不夠氣質美女3號小姐」，我以甜死人不償命的笑容，對著她說：「今天，會不會很美呢？」3號小姐也露出甜死人不償命的笑容，有氣質的說：「今天會很美的！」

走進教室，「不可以放棄自己4號先生」迎面走來，我朝著他有元氣的大聲喊著：「喝！今天有沒有放棄自己？」

「沒有！」4號先生也這麼有元氣的回答我。

放好背包，轉頭就看到「心要像海綿5號先生」，他正很乖巧的看著自己的課外讀物。

我溜到5號先生的身邊，誇獎著他：「這兩天，你情緒都掌握得很好，心還要繼續像海綿一樣柔軟喔！」說完，我輕敲他的心窩，一副立下生死之約的模樣。

5號先生愣了一下，接著點點頭。

於是一整天下來，我都有如沐春風的感覺。

「功課常缺交」1、2、3號先生，雖然仍有少部分沒完成的作業，但他們以前

所未有的積極速度，完成了所有作業的補交。

「不夠氣質美女」6號小姐，努力的壓住自己的大嗓門，輕聲的對男生說：「不好意思，借我過一下。」

坐在一起的「不夠氣質美女」7號和8號小姐，自動和「五分鐘就會闖禍一次」先生交換了座位，她們說這樣上課比較不會愛講話。

「書蟲小姐」一天下來，都不太敢將課外書拿出來，因為她正坐在我旁邊。沒書可看的她，只好把所有事都積極完成。我笑著對她說：「你看，你把書都收起來之後，在生活的行為表現部分，都表現得超棒的！」

坐下來批改聯絡簿，翻開「不夠氣質美女3號小姐」的聯絡簿，她這麼說著：

我覺得我們人不要想要什麼就有什麼，我們人要知道滿足。雖然我以前也一樣，想要什麼就有什麼，可是我現在終於懂了。像是家裡電腦的顯示卡壞掉了，我就不能玩線上遊戲，可是我並不會一直吵著媽媽要買顯示卡。今天電腦已經搬回去換顯示卡，但是我說不用了，電腦可以修好，我也要有滿足心才對，也要有氣質才行！

很好，很好！要一直記得「氣質」這件事。

「心要像海綿5號先生」也這麼說著：

今天超快樂的，因為我比較可以控制情緒了。「第三個我」已經愈來愈多了，不過「第二個我」有點難消失……所以我應該要更努力，才能完全變「第三個我」。我還有很多要學，所以不能自大。加油！

桌前的「愛的小叮嚀」，以及一大早的「愛的呼呼」，像是打預防針一樣，把每個不好的行為都事先預防掉了；而每個孩子，都變得好可愛、好乖巧。

我對著要去上科任課，但還沒上課鐘響就整好隊的全班說：「哇塞，你們今天怎麼這麼可愛？讓老師好愛你們呀！」

所以我發現，其實桌前的「愛的小叮嚀」，也是老師提醒自己「要多愛自己一點」的呼呼呢。

激勵方法7

在孩子手心寫下「我要認真」

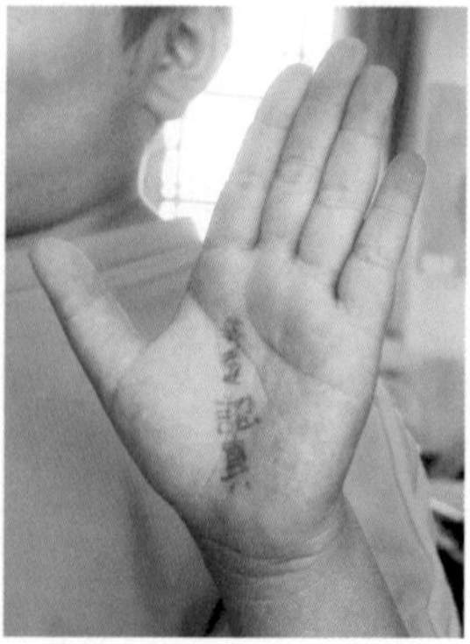

我在每天與他人紛爭不斷的小揚手上，寫上「我要細心」四個字。三天後的小揚說：「真有效！因為我聯絡簿裡的短文，最近寫得又多、字體又工整呢。」

我突然瞥見，小峰的手上一排糊掉的藍色的字，才驚訝發現這原來是我之前闖的禍。

上個禮拜，我和小峰聊著天，我們對於他在學業方面的表現，實在不滿意。我說：**「小峰，你其實是一個很棒的孩子，又樂觀、又貼心，我超喜歡你的！但是總覺得**

你在學業方面表現得很不理想，連作業都一大堆缺交，這是什麼原因？」

他自己也知道自己的問題，回答我說：「是因為……不夠認真……」

於是我拿著手邊的藍筆，順手在他的左手上寫下了「我要認真」四個小字。提醒他隨時看到手上的字，就要自我檢視自己是不是有做到「我要認真」這件事。**我們練習了一下讓他對自己心戰喊話：當左手一打開，就要高喊著「我要認真」**。於是小峰手一打開，就對自己喊了聲：「我要認真！」再打開一次，繼續喊了聲：「我要認真！」

「我要認真、我要認真、我要認真……」這句話重複迴盪在我們的耳邊，成了我們之間不可說的祕密。

所以，當一個多禮拜之後，我不小心看見他的手掌心時，大家可以知道我的心中有多驚訝了吧？

我問他：「這樣寫有用嗎？」

他回答：「有一點點用！我有稍微認真一點點……」

我打開他的另一隻手，我又有點嚇到，因為他自己又加了一些「料」上去。

「那你把手寫成這樣，你爸媽知道嗎？」我又問。

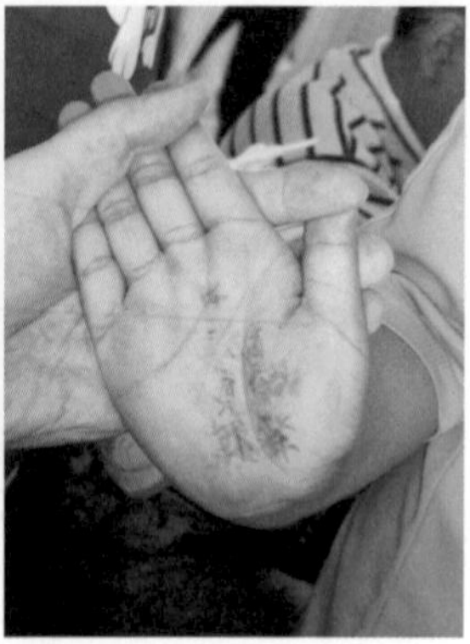

「知道呀！他們說老師說得對，叫我要認真一點……」純真的小峰這麼回答著。

好孩子，總是把老師的話記住。但是呀，最好是更加努力的把話放在心裡，而不是只在手裡喲！

於是我仿照這個方法，在每天與他人紛爭不斷的小揚手上，寫上「我要細心」四個字。三天後的小揚，也拿著紅筆描著手心看不清的字。他還說：「真有效！因為我的聯絡簿裡的短文，最近寫得又多、字體又工整呢。」

我被他的單純與天真，惹得嘴角一抹笑。這個突發其想的「手中的祕密」小祕招，應該……是有效吧？

激勵方法 8

不要急著把錯誤擦掉

清楚自己錯誤的地方，這樣才有弄懂數學的機會；而在下一次計算時，就可以把粗心算錯，或是還不太清楚的地方，全部都修正過來。

在數學課用小白板來演練數學題目，除了可以快速了解孩子的學習狀態，也能增進孩子算數學的樂趣；還有一點很重要的，就是會留下數學演算的足跡。

通常我會在黑板上佈題，並且請孩子在小白板上快速計算，再翻開來讓我檢視他們答對與否。答對的人往往都是興高采烈、滿臉成就感；但也不乏有算錯的孩子。再

仔細看一下小白板的內容，就會發現裡頭真的是狀況一堆：不是迷迷糊糊抄錯了題目；就是加減乘除計算錯誤；要不就東漏一個數字、西漏一個單位的。

但是我發現一個很有趣的現象，當我指出他們算錯時，接下來他們都會馬上做一個動作——就是用最快的速度，把小白板上的內容全擦掉，準備再重算一遍，但是我通常也會在這時候大叫：「不要擦，請你看看究竟是哪寫錯了？」

因為這麼大力一擦，等於是把自己的錯誤歷程擦掉了。那麼孩子根本就不明白他究竟是哪算錯了，或是不懂的部分究竟是哪裡。就算再重算一遍，下次還是會繼續錯下去、錯在同一個地方！

所以只有研究自己錯誤的寫法，找出自己究竟是：加減乘除算錯了？還是粗心亂抄寫？或是算法紊亂，似懂非懂？還是壓根就是在解題時，第一步就切入錯誤呢？清楚自己錯誤的地方，這樣才有弄懂數學的機會；而在下一次計算時，就可以把粗心算錯，或是還不太清楚的地方，全部都修正過來。

錯誤，真的是我們很好的學習教材！千萬不要急著擦掉自己的錯誤，而浪費了這麼好的學習資源。當孩子們愈能面對自己的錯誤時，他們就能成長得愈快！

激勵方法9

學習不只在課本——桌上的腳踏車課程

腳踏車課程結束後，孩子在聯絡簿裡這麼說：「經過這麼『肉眼』瞧見，而且這麼深入的討論後，我對腳踏車的運動方式更加了解；也對施力工具有更深刻的體認了。」

這不就是自然課裡，我所想要傳達給孩子最重要的部分嗎？

聽過幾次其他家長和其他畢業班學生形容我，他們說：「喔，老ㄙㄨ啊，就是那個很猛的老師，叫學生搬腳踏車來學校上課的那個……」

沒想到幾年前的一時心血來潮，竟然造成如此大的騷動？應該說，其實我不是個愛搞怪的老師，我只是覺得自然課就是該這麼上。

學習不該只是關起門來傳授書本上的知識，應該讓他們的「生活知識」走進教室裡頭。這樣我們的孩子才能從生活中發現問題，學習解決問題的能力。這就是為什麼每次上到六年級「腳踏車」這個單元，我就會讓他們每一組帶一台腳踏車來的原因。

其實讓孩子們帶腳踏車來學校，對身為老師的我而言，是需要極大勇氣的。因為學校規定學生不能騎腳踏車上學，這算不算是公然違反校規啊？而且，孩子們還要將沉重的腳踏車，小心翼翼的扛上五樓；並且在小小的教室裡，一口氣塞進六台腳踏車！（其實後來是八台，因為有熱心的孩子怕組內同學臨時不能帶來）。

不過看他們一早來學校，就一副神情雀躍、迫不及待的樣子，臉上早就堆滿了高昂的學習興趣。

為了讓他們有更震撼的學習效果，於是我們把腳踏車扛到桌子上，大夥兒臉貼臉的湊在一起，好好的將這台腳踏車研究一番。

說真的，這麼近距離的觀看腳踏車，實在是太具有視覺震撼效果了！

當然，帶腳踏車來學校不只是噱頭而已，最重要的是我們要來好好研究一下腳踏車為什麼會動。

我請他們先觀察腳踏車的各個構造及功能，並且在小白板上畫出說明圖，分別標註輪、軸、齒輪等構造名稱。

說明圖畫得最好的那組，可以拿到二十分；同時，老師要每一組抽一人來對全班做腳踏車介紹，最高也可以拿到二十分。

「老師要抽問？」哇哇哇，這下子不得了了！於是小組裡無不快馬加鞭，想盡辦法就是要讓全組同學，快速的了解腳踏車的結構及功能。連平時上課一副無精打采的孩子，也眼神發亮、吱吱喳喳提

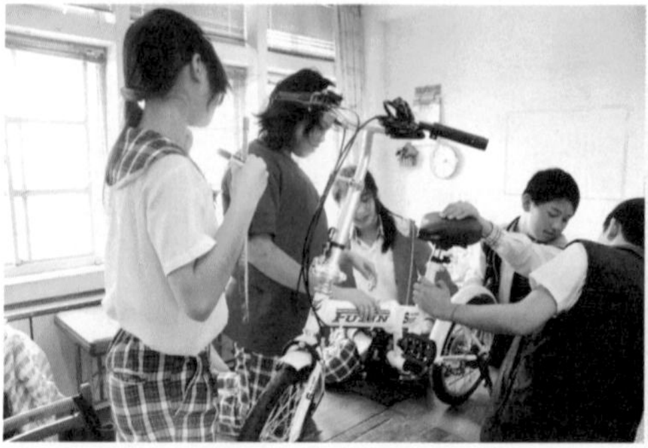

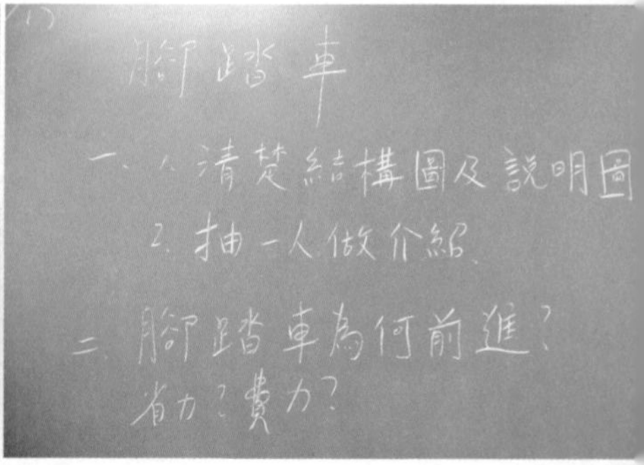

供自己寶貴的意見。

最後，就是緊張刺激的「抽問做介紹」了。**我特地挑了剛才每一組裡「看起來討論時比較安靜」的同學，由他們代表做介紹，**看看哪一組可以拿到今天的解說最高分——二十分？

如此的課程模式，我進行了三個循環。第二個循環，我請他們去觀察「腳踏車如何運動？是省力、還是費力的工具呢？」第三個循環，則是請他們去觀察「腳踏車如

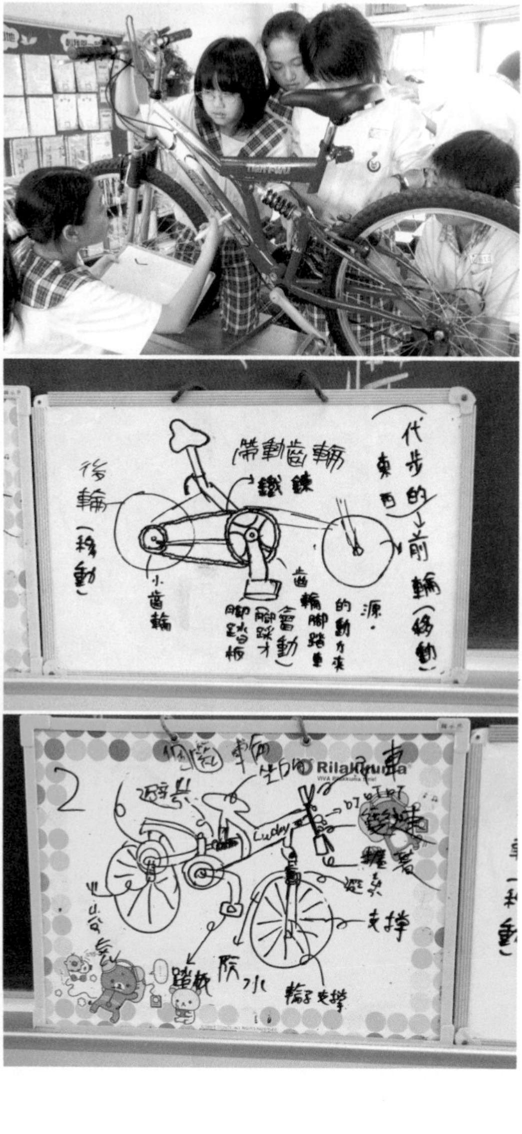

何煞車？」

每進行到新的問題，就會再進行一次小組內的「觀察」、「討論」、「解惑」與「解說」等流程，所以愈到後面的問題，班上孩子的解說能力就愈好，也對腳踏車的運動原理，有更深一層的理解。

課程結束後，孩子在聯絡簿裡這麼說：

經過這麼『肉眼』瞧見，而且這麼深入的討論後，我對腳踏車的運動方式更加了解；也對施力工具有更深刻的體認了。

這不就是這堂自然課裡，所想要傳達給孩子最重要的部分嗎？看孩子們玩得這麼開心，又學習到這麼深入的科學原理，看來我們小小的違反校規，是值得的！

優點大轟炸

激勵方法 10

今天我很快樂，因為我了解了兩個人的優點。看出別人的優點會相處得比較好，因為就不會常看別人的缺點。了解別人好的地方，也是一件開心的事情！

班上一些孩子最近的行為表

現進步很多，很想讓全班也感受到他們的進步，於是我們玩起了「優點大轟炸」這個遊戲。

這是個還滿老掉牙的老遊戲，卻十分有教育意義。遊戲方法其實很簡單，就是將黑板分成三個區塊、全班分為三個小隊，**鎖定一個「需要被發掘優點」的弱勢孩子**，各小隊派人輪流出來寫一個被轟炸者的優點。哪一個小隊通過的優點最多，那一小隊就獲勝。

為了避免混亂，各小隊每次只能有一個人出來寫優點，其他人必須乖乖坐在椅子上，秩序列入評分中；而且每個人也要輪流上台寫優點，不可以只有一個人代表。突然間，找尋別人的優點，變成了有時間性的競爭遊戲，於是大家都拚命的挖出腦袋裡對這個人的好印象。

評審當然是老師囉，真實的優點就會被留下來，亂寫上的就會被擦掉。檢驗每一條優點的同時，**也是對這個孩子再一次的讚美！**滿滿的黑板上，都是大家對這個同學提出的讚美。

只有一個被轟炸者，大家顯得意猶未盡，於是我們再換另一個主角，大家再來瘋狂轟炸這個人的優點吧！

隔天，在孩子的聯絡簿裡，出現了關於「優點大轟炸」的短文。就如同孩子小青說的：**他們都感受到這個遊戲的意義了，原來，每個人都有他的優點**。

今天下午第二節上課時，老師讓我們玩了一個很有意義的遊戲。遊戲內容是：每一個小隊都要在黑板上，寫下老師指定的人的優點。我們寫了同學的優點，老ㄙㄨ最後下了一個結論：「再怎麼文靜的人，都有他的優點。」

這句話，應該是老ㄙㄨ讓我們玩這個遊戲的重點。雖然只是一個小小的遊戲，但它告訴我們的知識可不小：「不管再怎麼可惡或再怎麼壞的人，都有他們的優點！」這就是遊戲的主旨。

孩子阿嘉也說：能看出別人的優點，會相處得比較好，因為就不會常看到別人的缺點。

今天我很快樂，因為我了解了兩個人的優點。看出別人的優點會相處得比較好，因為就不會常看別人的缺點。了解別人好的地方，也是一件開心的事情！

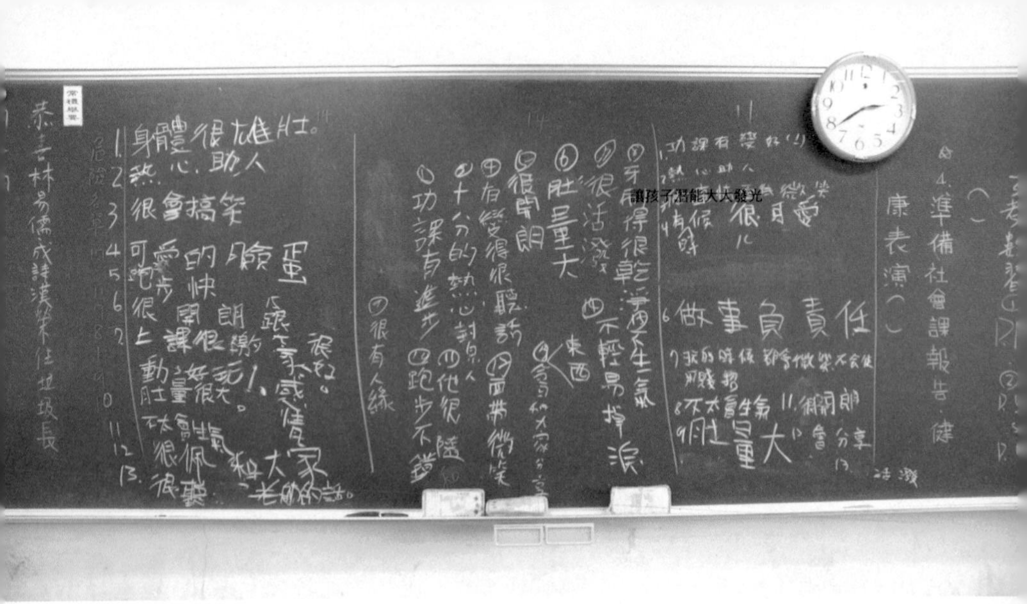

讓孩子都能大大發光

真誠的希望能藉由這個遊戲，讓每個孩子都能找到自己的優點，也能對自己更有自信；同時也希望藉由這個遊戲，每個孩子都能學會去尊重別人、不排擠別人！

不過呢，這遊戲的過程中也出現挺爆笑的對話，其中一位女同學被形容成「天使臉蛋、魔鬼身材」。

孩子阿伯說：

今天我們玩了一個遊戲，是挖出別人的優點。第一次算好的，第二次很恐怖，嫻嫻說這位同學她有魔鬼身材，和天使容貌。不知道老師同不同意？老實說，我不知道。

其實，站在台上主持遊戲的我，尷尬得不知道該說對，還是不對。老實說，我跟阿伯你一樣也不知道。

激勵方法 11

水果大餐中的「分享課」

我很開心孩子們，會願意和我分享他們美味的「水果大餐」；更開心的是，他們很懂得分享的樂趣。

1

上到自然課的「植物世界」單元，我預告了我們要來對水果大解剖，還要在班上辦一個「水果大餐」。

一早才踏進教室，就嗅到一股興奮的騷動。孩子們好不容易挨到自然課上課，我

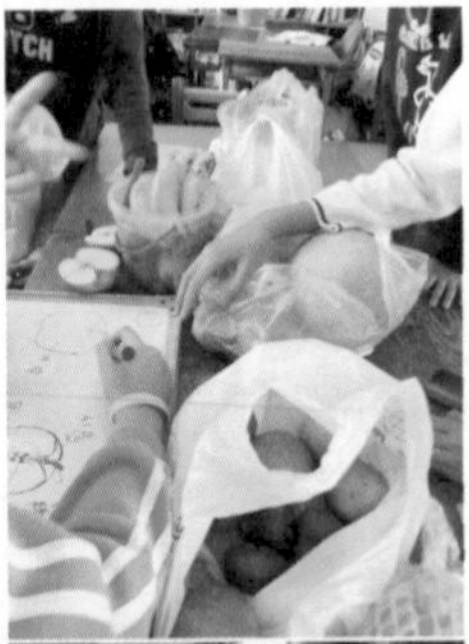

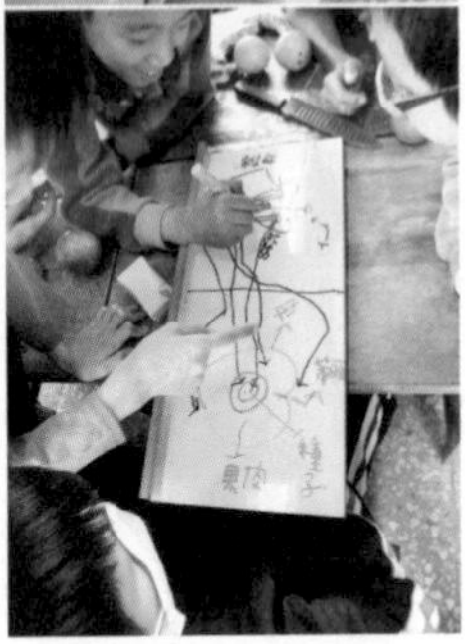

一聲令下，各式各樣的水果迅速擺滿整桌。

但是先別急，這可是自然課啊！我們要先研究好水果的外型和構造，才能將它們吃下肚！我先請各小組在小白板上，畫出水果的外型和內部構造；接下來再把花朵和果實的構造，畫圖做互相的比較。就在我們來來回回進行解剖圖的修正時，我們終於搞懂了花朵變成果實的過程。

課程上到這裡，孩子們的口水已經淹沒了半層教室高，如果再不讓他們把這些水果吃下肚，可能會引發這些饑餓難民的暴動吧？好吧，大家別客氣，請豪爽的把水果解剖、開開心心享用這滿桌的「水果大餐」吧！

不過有些組別帶的水果算是寥寥無幾；但有些組別帶的水果卻特別的豐盛，甚至可以辦一桌流水席請客了。這對比的畫面實在是太過強烈、也太過殘忍了！於是我說：「**有些組別帶的水果不多，如果你們能分享一些水果給別組的同學，那麼他們會高興得感動不已，也會十分的感謝你們。**」

於是，各組的水果盤在教室裡來回穿梭；一顆大哈密瓜，讓全班每個人都可以分到一口。那甜在心的滋味，實在是讓人幸福得不得了！這真是一堂有知識性、很歡樂，又能一飽口福的自然課啊！

隔天孩子們的聯絡簿裡，密密麻麻的都是這堂課的歡樂回憶。

老ㄙㄨ，今天上自然課好好玩喔！因為在觀察水果內部時真好玩，而且能讓我們學會自己切水果。平常的水果都是爸媽準備好給我們吃，現在換我們自己切，所以要很小心，這樣才不會讓爸媽或老師擔心。

老ㄙㄨ，我超喜歡星期三的自然課，因為那幾節自然課變成了水果大餐的時間。我從三、四年級時，就覺得自然課很無聊，但到了五年級給您教時，我就慢慢的不討厭自然了。所以我要謝謝您，讓我們有堂快樂的自然課！

但是有更多的孩子，卻不約而同的提到這其中相當有意義的「分享」過程。

今天有水果大餐，我帶了芭樂和椪柑，別人也帶了很多水果；還有人帶哈密瓜呢！要分享哈密瓜的時候，我負責切哈密瓜，別人負責分享。雖然我切得很難看，但是助人為快樂之本，所以熱心助人最棒了！

我今天在自然課的時候，把水果分給別人吃。因為分給別人吃的話，說不定可以吃到他們的水果；還能讓他們品嘗到別種水果。因為這樣，所以我分給他們吃。

親愛的老ㄙㄨ：您好，謝謝您在自然課的時候，讓我們開開心心的吃著水果，讓我學到分享的美德！

今天上自然課時，大家都在切水果、分給大家吃。有些人很高興，因為好東西可以跟好朋友分享；但我的水果不多，所以沒有分給大家。我都不知道原來分享有很多好事，例如：可以交到很多朋友，也可以吃到許多水果。所以，我以後要大方一點才行！

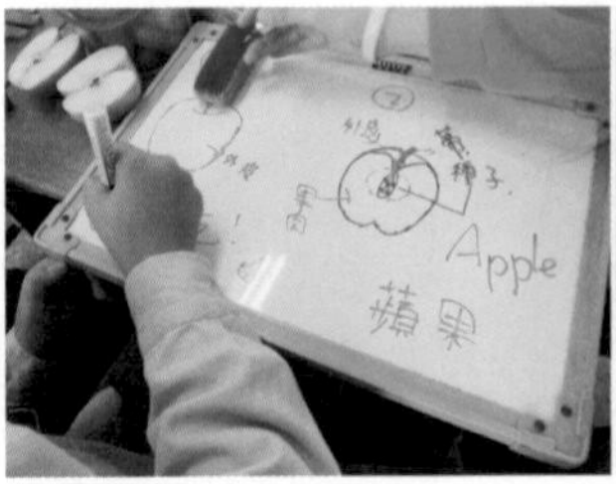

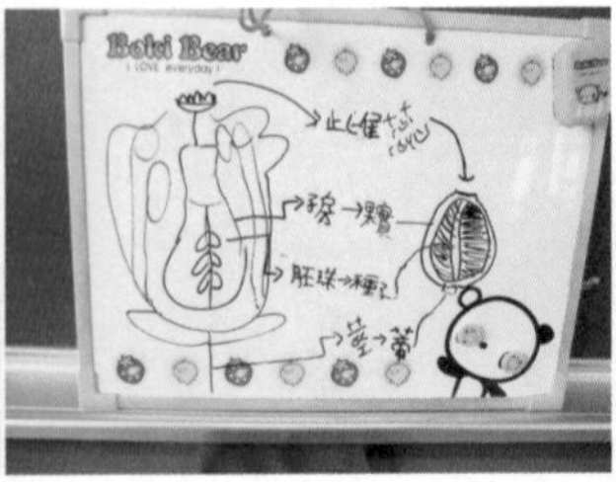

原來在這節課裡，不是只有吃吃喝喝的歡樂而已。孩子們在這堂「水果大餐」的課程中，除了學到豐富的科學知識之外，更重要的是他們還學習到：**原來快樂不是獨自擁有，而是「分享最樂」的重要人生哲理**。

2

下課時我先到辦公室辦點事，結果我才走近教室，就看到這令人吃驚的畫面。

「老——師——請——用——拖——鞋——！——老——師——請——用——水——果——！」這音量之大、人數之多，實在是有點嚇人。

不知什麼時候起，這群孩子也和他們的學長姐一樣，開始和老師玩起了「老師請用拖鞋」的遊戲。常常走到教室的窗邊，就聽見後門一陣窸窸窣窣的討論聲。走近教室後門，就被那充滿熱情的問候聲給彈了出去：「老——師——請——用——拖——鞋——！」

我常笑著把他們趕回去，並且說：「我又沒有教你們，哪學來的壞習慣啊？」

沒想到，他們今天還多加了一句：「老——師——請——用——水——果

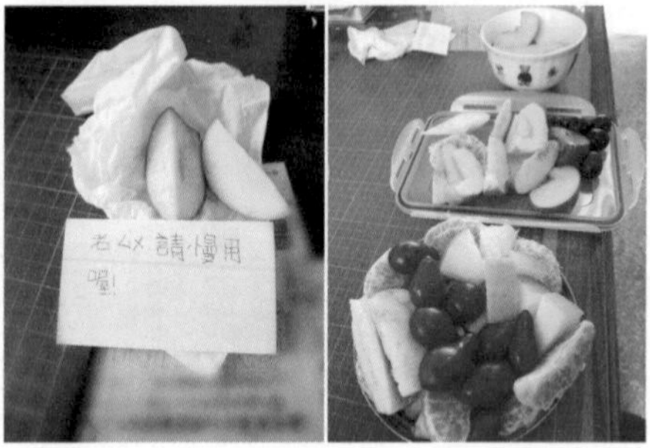

——！」進門走回我的座位旁，桌上擺滿了各式各樣的水果，全是他們細心削好，就優先拿給我享用的愛心水果。

哎呀呀，這麼多的水果怎麼吃得完？這簡直是「水果滿漢大餐」嘛！於是，**我再把這幾盤水果分享給其他孩子們，讓全班一起來享用同學們的愛心**。

我很開心我的孩子們，會願意和我分享他們美味的「水果大餐」；更開心的是，他們很懂得分享的樂趣。

緊湊的上課時間裡，不只有艱澀的學科知識，還有分享的樂趣，就如同這股瀰漫的水果香氣，飄散在整間教室的每個角落裡。

FID

激勵方法 12

「反省單」著重輔導歷程

我問：「知道自己做錯什麼嗎？」

阿榮流著淚說：「我們不應該玩過頭，傷害了生命……」接著他嚎啕大哭了起來。

1 去過很多學校進行班級經營的講

座，我喜歡把「反省單」這主題擺在講座的最前面。因為**培養孩子內在的反省力量，實在是太重要了。這將是孩子當下修正自我缺點的關鍵；也是他們一輩子不斷成長的能力！**

但也有很多老師反應：孩子們在寫反省單時都很隨便，應付了事。像latesleep老師就說：「反省單用到現在，我已經很少用了。因為每次孩子寫來，看到上面的其實大多是『心不甘情不願』的反省，幾次下來，我也不想再看。當初在老ㄙㄨ的部落格上看到反省單，我想這是一個好方法，但是實際運用時我卻遇到了瓶頸。一直想不透：為什麼老ㄙㄨ可以，而我卻不行？」

因此我必須再澄清一次：**反省單不是悔過書；它只是師生輔導溝通的工具，絕對不是一種處罰方式。透過反省單，我們師生的對話才得以展開。**

我用下面這張反省單來作為例子：

這個孩子來問我：他們那組可不可以利用午休時去大穿堂排演。我跟他說明不能去的原因。沒想到他竟然一轉身，就跟其他同學說「老師說可以去排演」。我只好把他們整組人找回來，並且讓這個孩子去寫反省單。

孩子在第一次交來的反省單上，這麼寫著：

什麼事：我們第一組要排演，老師叫我們不要去大穿堂，結果，我叫他們去大穿堂排演。

感想：老師叫我們不要去大穿堂，結果我們還去，我不應該叫他們去大穿堂排演。

孩子簡單的描述了這事情的經過，我看了一眼，就叫他回去重寫。因為這內容彷彿是旁觀者不帶感情的說著某人的錯事。我提醒他，為什麼不能去大穿堂排練呢？第二次來後，他顯然有認真想了一會兒，內容也較為完整了。

……因為大穿堂有很多的學生要放學，還有學校安親班要午休，所以老師才不讓我們下去排演。老師怕我們會大呼小叫，所以才沒有讓我們下去。結果，我們還是跑下去練習。之後，第五組就去練習了。

不過我還不是很滿意，我說：「這內容中，我只有看到事情的經過，跟事情的影響，但是卻看不到你內心的懺悔心情……你到底做錯了什麼？需要去寫反省單的點到底是什麼？」

孩子回去寫了好久、好久，最後，在反省單的最後面，加了一句：「因為我不尊敬老師，沒有把老師說的話聽進去。」

其實這樣就夠了！雖然只有多了一句話，但是我能感受到他終於願意放下心中的固執，並且勇於承認錯誤的決心。

我看著這個孩子，孩子頭低著，滿臉懺悔的表情，所以我也只是跟他說了句「下次不要再做出同樣的事了」，就讓他回去了。

在這輔導的歷程中，**我們要時時關注孩子的價值澄清**，說了什麼倒不重要；重要的是那當下「覺醒的歷程」，才是最珍貴而令人感動的部分！

2 青蛙，對不起

今天阿嘉嘻嘻哈哈的跑來向我告狀：「老師，那個阿榮好殘忍喔！在安親班時用木頭刺青蛙……」阿榮則不甘示弱的說：「阿嘉才殘忍呢，他把青蛙丟到馬桶去……」

這兩個孩子本性都不錯，可惜星期三留在學校上安親班，玩了一整個下午有點玩過頭了。「生命」這麼嚴肅而重大的事情，卻被他們當作是嬉笑打鬧的小事，可見他們真的是玩瘋了！

事情的處理可大可小，於是我看著他們說：「兩個人到後面去寫張反省單吧！」

這兩個人什麼也沒說，拿了張空白紙就到教室後頭，開始寫反省單。不像其他孩子一下子就寫完了，這兩個人悶著頭寫好久，寫完後還站在後頭不敢亂動。直到下課，阿榮走了過來，拿出他的反省單。

這是第一次有孩子一口氣寫了四面的反省單，反反覆覆寫了好多次他對不起青蛙。我才抬頭看著阿榮的臉，他馬上紅了雙眼，滴下後悔的眼淚。

我拿起阿嘉的反省單，裡頭也是滿滿的懺悔。

阿嘉說：

「……我們雖然年紀還小，但我們是魔鬼，老ㄙㄨ殺了我們吧，要不然打也可以、罵也可以，不理我也好……叫同學不要理我，一定要這樣，我才會反省、改過自新。」

其實看著這些文字，很感人，也很令人捨不得。他們都知道他們做錯了；懊悔的心，此刻取代了先前失去判斷能力的玩心。

兩個孩子都不約而同的提到犯錯的當下，阿嘉說：

「……因為我喜愛動物，所以不可能把牠們怎麼樣。只不過我們的思想，突然錯誤了，做了一件不該做的事……我太不應該了。」

到此時，他們終於明白我常說的「玩心太重就會失去判斷力」的道理。

反省單就是有這種好處！父母親在家裡，遇到孩子有偏差行為時，也可以讓他們練習寫反省單。**透過書寫的力量，讓孩子靜靜的把事情想過一遍，就會檢視到他自己所犯下的過錯，理智就會回來**。於是，孩子就會又變回原來那種充滿智慧、冷靜、誠懇又可愛的樣子。

我問：「知道自己做錯什麼嗎？」

阿榮流著淚說：「我們不應該玩過頭，傷害了生命……」接著他嚎啕大哭了起來。而一旁的阿嘉面有愧色，摸摸他的肩膀，安慰著他、叫他別哭了，接著也跟著哭了起來。

就像阿榮寫的：

「老ㄙㄨ謝謝你，讓我知道生物的命是很重要的……對不起，我竟然把青蛙當玩具，我好對不起青蛙。」

其實，我什麼也沒教，是生命教了你們，是你們自己教了自己。

激勵方法 13

用心觀察，發現孩子優點——窩心的打掃課

「厚！不是說只要洗一台就好？糟糕，時間就快來不及了啦！」我急得大叫。

但我沒想到阿鈿的一句話，讓我好感動。阿鈿說：「老師，放心啦！我們會把事情做完才走，我們不會丟下你的啦！」

晚上就是班級親師座談會了，打算利用悠閒的星期三下午，好好的來準備晚上

的班親會內容。我對著上學校安親班的孩子說：「如果待會兒你們寫完功課，有空的話，就回來幫忙打掃吧！」

一大堆孩子熱情的回應我，不過他們得先去寫完功課才行。於是我一個人在教室裡慢慢排起桌椅，準備晚上要用到的資料，順便把後頭的佈告欄內容也更新一番。時間過得很快，我看到之前答應要回來幫忙的孩子，下課時一個個在走廊上呼嘯而過，想必待會兒他們又有一場熱鬧無比的走廊追逐戰吧？

一直到三點整，門口怯生生的探進一顆頭，是有些害羞的小薇。

她見教室裡沒人，有些小抱怨：「他們都說不要回來幫忙了，只有我回來。」

我微笑的說：「其實沒關係！不用太勉強他們。先進來休息一下吧！」沒什麼需要幫忙的，所以我請小薇去幫忙整理班上每位同學的小櫃子。

說真的，雖然小櫃子解決了他們抽屜滿出來的窘境，但東倒西歪的雜物看起來還是挺亂的。小薇一下子就整理完了，又跑來問需要什麼幫忙。我只好再請她把每個小櫃子擦拭乾淨，而且要把每個人的東西都拿出來，等擦乾了，再把東西放回去。

阿鈿和小棠在走廊上追累了，也跟著閃進教室。他們也問著：「老師您需要什麼幫忙？」我請他們幫忙再把教室掃過一遍，不過雖然說是要幫忙，但兩個人仍是拿著掃把打打鬧鬧的。

後來兩個人又把注意力轉移到教室裡的電風扇，大叫：「老師，這電風扇有夠髒的啦！」四隻小手拿著抹布在電風扇忙上忙下的擦拭，後來我一轉身，才發現他們已經把電風扇解體了。

「老師，這要拆下來才會洗得乾淨啦！我在我家都是負責洗電風扇的人！」小棠拍拍胸膛說著。

話雖如此，但你們為什麼要在這麼緊張的時間點，把電風扇拆了?

還是女生比較認真一些，我看著小薇，她一個人默默的把每個小櫃子裡的東西拿出來、用濕抹布擦拭，等櫃子乾後才把東西整齊的放回去。

她一個人坐在那裡足足有半小時之久，看似**天性樂觀又有點粗線條的她，沒想到做起這單調又反覆的工作，能夠這麼細心又那麼仔細**。我最欣賞會把小事做得盡善盡美的人了！

再回頭看看小棠他們，他們真的動作熟練的把電風扇洗乾淨，又完美的裝了回去。小棠和阿鈿滿臉成就感，接著他們又把腦筋動到別台電風扇去，一下子，另外五台電風扇全被拆光光。

可怕的是，五台電風扇的屍體全散落在地上，等到他們全洗完才發現，他們已經把所有的零件弄混了：甲的風扇裝到乙的去，乙的固定環裝到丙的去，十四吋的葉片裝到十二吋的去……我的老天爺呀！你們怎麼愈幫愈忙？

「厚！不是說只要洗一台就好？糟糕，時間就快來不及了啦！」我急得大叫。

但我沒想到阿鈿的一句話，讓我好感動。阿鈿說：「老師，放心啦！我們會把事情做完才走，我們不會丟下你的啦！」

三個孩子手忙腳亂的把錯誤的零件拆下來，又把正確的裝回去，再把整個教室的髒棉絮打掃乾淨。

雖然我三兩句就描寫完這些過程，但他們可是又花了一節課才完成。看著亮晶晶的六台電風扇，我們終於放下心中的大石頭了！

這件事教了我好多，在這樣的打掃過程中，我重新認識了這些孩子。

看似粗心的孩子，卻有著最細膩的心思；看以金頂電池的好動小子，卻有著穩重的辦事能力；看似什麼都不在乎的孩子，卻很MAN的遵守著他的承諾。

原來，孩子有好多的樣貌，非要和他們認真相處、用心去觀察，才能看得到他們最優秀的一面。

雖然我還不是很認識他們，但我應該不要心急，多留點時間與機會，繼續讓他們展現自己的優點。

激勵方法14

善用遊戲，學習加倍（二）——健康戲劇課

愛玉在這次的表演中，享受到前所未有的成就感，因為她非常感動的說：「我也不知道為什麼演完之後，心情好快樂喔。」

這就是所謂的「成就感」，一種難以言喻的快樂感覺。

趕快來佔位子，晚了就看不到了。

呃……請問躲在桌子裡看表演，有比較舒服嗎？

1 健康戲劇課開張了

每個禮拜的健康課，是班上孩子最愛上的課之一。每次時間到了，還沒等我開口，他們就開始把桌椅搬開、清出舞台，自己找了舒服的地方，滿心期待接下來的表演。

上回參加大學同學的婚禮，和坐隔壁的同學聊起了戲劇表演課。他直呼：「原來健康與體育課，可以拿來做戲劇表演課的訓練呀？」

病媒蚊的新造型！真是一隻吃得「很飽」的蚊子。

利用紅色果汁來當血液，用吸管來當口器，旁人還拿電蚊拍出來，真是有創意呀！

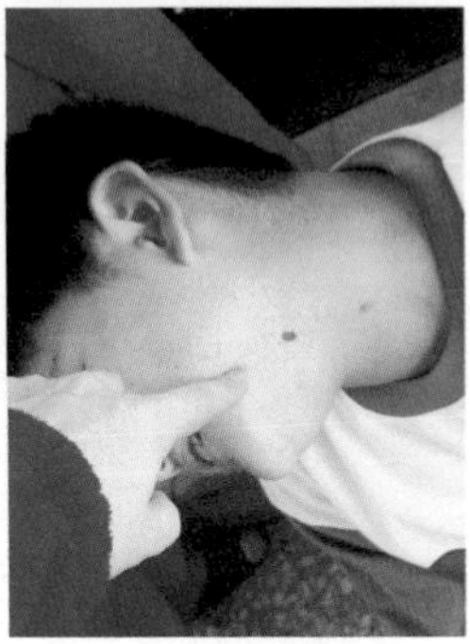

一轉身，畫個紅點，就很逼真了！

爆笑NG畫面——需要拿這麼一大支吸管出來嗎？

「看我的殺蟲劑！」仔細看，那是小吃店裡的醬油瓶，只不過這麼大一隻蚊子，一瓶醬油應該不夠用吧？

為什麼不行？既然它沒有課程進度的壓力，又沒有考試的負擔，讓孩子們能玩，又能學東西，不是挺好的嗎？

兩年來，我們總是在上健康課前半段，讓班上孩子依小組，各自演一小段這個單元的內容，然後再進入課程的深入探究。

小組戲劇表演結束後，我們都會做個總評，評論一下剛才表演的那一組的優點以及缺點，以作為下次改進的依據。

而孩子們的表演之中，自然而然就會融入了相當多的健康知識，這也是老師接著講解時最好的切入點。

說真的，孩子們都好愛這種上課方式，而我自己也很期待他們每週激盪出來的創意火花。

每回我都乖乖的坐在台下，準備拍下精采的畫

「快逃呀！」（警察與色狼追逐戰）

穿件白袍，就是醫生；撒點痱子粉，就是阿婆。

面。不過，事實上是我自己常常就笑得東倒西歪，根本忘了按快門。

很喜歡他們發揮創意，以有限的資源變出許多的可能性。不過，這需要時間去等待，急不得的。

最近幾次，看到他們開始動起造型的腦筋了，而其中有些畫面，真的太有趣。

兩年下來，他們展現出來的創意和舞台魅力，真讓我看得眼花撩亂、目瞪口呆的。

以健康課作為戲劇表演訓練，真的讓他們的肢體表演有很大的進步。

有些家長表示，希望他們的孩子站在台上時能夠更具台風、更勇於發表能力。我說，其實只要每個禮拜一節健康課就夠了。在樂趣及成就感的長期訓練下，就可以看得到孩子的轉變。

阿甄老師的舞蹈時間。

兩位反串高手，加點鬍子真像變態。

人比花嬌的臭男生。

瑟縮在後頭的小穆，真是入戲。

2 成就感

上一次的戲劇課表演，我給了第二組有史以來的最高分。聽到得了九十八分，這一組的孩子們high到都快跳起來！

雖然正值考試週，我沒讓他們繼續寫短文，但愛玉還是主動的在聯絡簿裡留下這印象深刻的歡樂點滴。

> 今天最快樂的事，就是我們這一組表演時，我玩得好開心喔！雖然有一些小缺點，但我們還是拿到九十八分，差一點就可以拿滿分了，不過過程開心，才是最重要的！
>
> 我自己也笑得肚子好痛，真的好好笑！能帶給大家歡笑與開心，我覺得很值得。辛苦排練，總算有成果了！我也不知道為什麼演完之後，心情好快樂喔。老師您知道原因嗎？

看得出來，愛玉在這次的表演中，享受到前所未有的成

就感，因為她說：「我也不知道為什麼演完之後，心情好快樂喔。」

這就是所謂的「成就感」，一種難以言喻的快樂感覺。

成就感，是一種對自己的肯定，所帶來的內在滿足感，會隨著回憶的伴隨一直延續下去！**成就感，也是一種正面提升的力量；當孩子得到某方面的肯定時，會慢慢培養出自信心，連帶的也一併提升了其他層面的學習效果！**

這也是為什麼我喜歡讓戲劇課融入班級活動中，這也是為什麼我總是不厭其煩的提醒孩子們「要把每一次的國語語詞小考，以及數習考試，都努力的準備、好好的考好」的原因。

身為老師或家長，應該隨時要創造出簡單又容易完成的任務，讓孩子們能從這些生活小事（試）中，慢慢培養出成就感；進而培養出對自己的自信，以及對身邊事物的熱情。

獲得成就感真的很重要，那是孩子願不願意改變的關鍵。要獲致成就感其實並不難，就先從「把生活小事做好」開始！

3 退出演藝圈

這學期每週一組的表演已經告一段落，接下來就進入了每週兩組ＰＫ的戰國時代了。同一主題，由兩組學生分別來詮釋，透過小小的組別競爭，演出及劇情一定更加的精采！

我讓他們有選擇的機會，可以挑選別的組別來進行ＰＫ大賽。一向被各組視作「肉雞（台語）」的第一組，是大家覬覦的對象，幾乎每一組都不約而同的選了第一組。

突然，第一組裡的阿堯說話了：

「老師，我決定了，我要退出演藝圈。」

「退出演藝圈」？這句話脫口而出，還差點把我們給笑昏。從「戲劇表演」聯想到「演藝圈」？可真有你的！

不過我不打算理會他，在阿堯還在喋喋不休的談論著他的退休計畫時，我繼續講解著這個戲劇課的新做法。

解說完畢後，我對著全班說：「每一次表演完，老師都會評一個分數，那是你們健康課的實作成績。不過，當然你也可以選擇像阿堯一樣，退出演藝圈。」

其他孩子馬上跟進，說：「好好好，那我們也要退出演藝圈。」阿堯這時顯得得意洋洋的，沒想到他的一句話，引來這麼多粉絲跟進。

「而且退出演藝圈，還可以換來一個非常漂亮的——『零分』喔！」我不疾不徐的說著。

這些貪生怕死之輩，馬上抱頭鼠竄，紛紛搖手說「不」。

阿堯這時也反悔了，馬上接著說：「那我……不退出演藝圈了。」

「哈哈！」我乾笑兩聲，接著說：「我從來沒有看過哪個明星，退出演藝圈之後又這麼快復出的，你可以列入金氏世界紀錄，得到『史上退出演藝圈又最快復出』的超級頭銜。」

其他孩子也跟著笑成一團，有孩子說：「沒辦法，他怕被他的粉絲拋棄，所以乖乖回來了。」

擁有「史上退出演藝圈又最快復出」超級頭銜的阿堯，你難道不知道演藝圈都是十分現實的嗎？就讓我們引頸期盼「擁有眾多非常不捧場的粉絲」的阿堯，復出後又有什麼驚世之作吧！

激勵方法 **15**

激發學習熱情（一）——最愛體育課

現在，我慢慢喜歡上體育課了，因為我發現：上課流下的汗水，是學習和「愉快」的！

當一位老師，應該有自信能激發學生對學習的熱情，並且能把每一堂課上得精采、又能引發學生興趣！不管是令他們頭疼的數學課，還是女生們避之唯恐不及的體育課，都是如此。

我是一個贊成「快樂學習」的老師，我喜歡把每一堂課上得有趣！因為課程變有趣了，他們才會更熱情的參與學習。不過「快樂學習」這四個字，最近似乎變成了某種原罪；彷彿課程變快樂了，學生就會學得少、學得淺……我想這是過與不及的問題，這和「讓學生在課堂上擁有快樂的學習心情」是不相同的。

現在這個班級，跟他們以往的學長姐很不同，就是這班的女生過於安靜。過於安靜的結果，是他們也把自己對生活的嘗試力也給局限住了。他們一直扮演乖乖牌的學生，所以很多事情都不敢做，也不想做。

例如體育課，很多女生會在上體育課之前，就開始焦躁；太陽大了些，她們就開始抱怨。因為把自己弄得汗流浹背的，好像跟乖乖牌的形象不太一樣。

所以我必須讓這班的女生，覺得上體育課是好玩的；甚至讓她們喜歡上體育課，愛上那種「體能用盡、大汗淋漓」後的樂趣！

我花了很多時間、用了很多方法，總算換來這篇篇令人欣慰的短文：

> 今天上的體育課，是男生們最愛的足壘球。其實玩法很簡單，就是一踢、二跑、三注意，這樣很快就得分了。我在上足壘球課的時候，也玩得不亦樂乎，雙數號碼的男生一直在我耳邊叮嚀，厚，煩死了！雖然雙數比單數多一分，但是大家勝利的表情，會永遠留在我的腦海裡的！

今天最快樂的事，或許就是上體育課吧！現在，我慢慢喜歡上體育課了，因為我發現：上課流下的汗水，是學習和「愉快」的，和我們下課時玩的汗水不一樣。雖然都是「愉快」的，但是那種「愉快」並不一樣。

之前總是討厭上課，那是因為我們都沒有「動起來」。而且，我覺得足壘球真的滿好玩的呢！

我到底做了什麼，讓她們對體育課充滿了不一樣的感受呢？

首先我先讓規則簡單化。

剛開始練習時，我並不教他們太多的棒球規則；一切就是以「如何踢」和「如何防守」來教。守備也不用太多人，反正大家踢得開心就好。先讓他們對棒球或足壘球的規則有熟悉感，是很重要的。

第二，是成就感。

為了讓她們不要怕球，所以我要求男生們投球時，一定要「球貼著地面慢慢滾」。我說：「我要讓女生們不要怕球，所以你們不要壞了我大事。」男生們也懂老師的心情，一顆顆標準的好球，就這麼滾進好球區。

女生們大腳一踢，球飛了出去，女打者也跟著跑向一壘，結果只差一步，女打者在壘前被封殺了。這時，我也會眨眨眼對著男生說：「算了，讓她們安全上壘吧！」

在女打者從三壘要奔回本壘時，我也會緊張的跟著大叫：「快、快！要得分了，耶！得分了！好厲害！女生竟然得分了？真是太強了！」

上壘的成就感、得分的成就感，都讓她們覺得在這場比賽之中有存在感，也在這節體育課裡感受到樂趣。不愛上體育課也難！

第三，是競賽的小小壓力。

我將全班依座號分為兩組，等到大家都熟悉規則，就是兩組的對抗賽了。我採

全隊踢完後，再攻守互換，換對方全隊踢球。如果大家速度夠快，兩隊都可以踢完三次。

又由於是男女交錯，男生要得分需要女生的幫忙，所以這小小的競賽感，讓大家神經緊繃，每一個人都扮演很重要的角色；如果得分了，更是值得驕傲的事！

第四，遊戲是享受過程，好玩就好。

我總是不厭其煩的對孩子們說：「**不管是活動，還是遊戲，目的都只是讓我們開開心心的完成它，享受這過程所帶來的樂趣**。如果大家吵架了、互相怪罪對方，那麼就失去遊戲的意義了。那倒不如不要玩算了！」

所以每當小小競賽結束後，我會請他們為對方拍拍手，並且稱讚幾個在這場比賽中表現不錯的同學。不管最後是輸了，還是贏了，都不是很重要，因為，「遊戲是享受過程，好玩就好！」

當引發了孩子們的學習熱情後，接下來我們就可以做更深入的學習活動！因為**有了熱情，我們就可以這麼一直探索下去、不怕無趣；因為有了熱情，我們就可以不怕困難、可以所向無敵。**

激勵方法 16
因材施教這樣教

我對著三個作業缺交的孩子，大喊：「再五分鐘，一個我要蓋扣分章，一個繼續留下來，另一個就要被我請出去了。」

三個人「哇」的一聲，全都神情緊張的迅速補著作業。他們態度專注、書寫快速，完全不像是讓老師頭疼的怪小孩，反而像是三位乖巧又聽話的小天使。

雖然我是「好好先生」，但是**為了孩子們好，也為了整個班級的常規建立，剛接一個班級時，我總是盯得很緊，任何小細節都不放過。**有的孩子會大呼「受不了」；還有人會覺得：「奇怪，這個老師感覺是拿好人卡的老師；但是一認真起來，怎麼會這麼嚴格呢？」

這禮拜他們學習態度有些狀況，我為了他們功課缺交嚴重，因而感到有些生氣。早上我說：「如果你今天沒有把作業補完給我，那麼中午放學時我只好請你先留下來一會兒，什麼時候補完，就什麼時候走。」

全班都知道我是認真的，結果一排被登記的號碼，火速把功課補完。中午放學鐘聲響起，只剩下三個孩子在教室裡。

一號苦主一邊補著功課，一邊神情緊張的說：「可是……我得去安親班……安親班老師會罵我……」

我說：「那剛好，順便再多個人來數落你一頓！誰叫你欺負我，這作業從昨天欠到今天，為什麼都還沒有補交出來？」

二號苦主聽我們的對話，在一旁偷笑。於是我對著二號苦主說：「你還笑？再沒有完成，我就要在你的聯絡簿上蓋個扣分章了，讓你爸媽知道你最近有些恍神，順便讓你再帶個紀念品回家去。」

二號苦主因為是上學校的安親班，不用急著回家，所以才在那邊慢條斯理、悠閒的補著作業。一聽到我要扣他分，他連忙說：「啊，老師，不用了，我趕快補作業給你。」

一號苦主聽到「扣分」兩字，又跑過來說：「老師，你可不可以扣我分？那我就可以先走了。」

「不行！我才不扣你分咧，因為你又不怕被扣分。你呀，怕──被──安──親班──老──師──罵……」我一邊喝著老人茶，一邊還笑嘻嘻的對著他說。

這時，三號苦主偷偷的跟二號苦主說：「哈，這兩個我都不怕！」

向來擁有「雷達眼」與「順風耳」的我，於是冷冷的說：「是呀，待會兒我就要請你到走廊去反省一下了。」

三號苦主馬上臉色鐵青，連忙搖手說「不用了」。

三號苦主喜歡留在學校，不回家也很開心，所以上述兩樣處罰他都不在乎。但是他作業一天到晚沒交；尤其是他動不動就放自己假、不來上學，一個禮拜可以好幾天不來學校，爸媽也不在乎。

最後在我說盡好話後，只好請他在下課時，到走廊上去反省。站在人來人往的走廊上，還有很多別班的好朋友好奇的看著他，他大概覺得不好意思，一次就嚇到了，直說他再也不敢了。

於是我對著這三個作業缺交的孩子，大喊：「再五分鐘，一個我要蓋扣分章，一個繼續留下來，另一個就要被我請出去了。」

三個人「哇」的一聲，全都神情緊張的迅速補著作業。他們態度專注、書寫快速，完全不像是讓老師頭疼的怪小孩，反而像是三位乖巧又聽話的小天使。

我一邊看著這些神情慌張的孩子，一邊微笑著品嘗著老人茶，心裡還不斷的O.S.：

「啊！孩子們，你們看起來好認真啊，你們真是太棒了、太棒了……」

激勵方法 17

培養孩子的勇氣

那是我認識的小青嗎？其實我有點訝異，因為在舞台上的她，每個動作都在恰如其分的節奏中，舉手投足都有了力道。我看到小青的媽媽，她的臉上帶著滿足的笑容。

最近有個到台中市中興堂演出音樂劇的機會，劇中還缺幾位飾演小蚊子的角色，於是我想邀請班上的孩子一同來參與這次的盛會。

台中市中興堂是相當正式的音樂廳，共可容納一千多位觀眾，能到這麼大型又正

式的音樂廳表演，其實是很難得的機會。我才剛提到這個消息，一堆孩子馬上急忙舉手報名：「我、我、我！」

我數了一下人數，其實是差不多了，但我總覺得可惜，因為這麼好的機會有些孩子卻默不作聲，我希望看到更多的可能性。

於是我說：「這算是最後一次正式的演出了，這次表演結束後，你就得跟你的國小生活說再見了。**如果你心裡也有一絲絲的渴望，那就不該只是羨慕站上台的同學，希望你能突破害羞的自我，勇敢站上台，大方秀出你心中的熱情。**」

我請他們回家徵詢爸媽的同意，隔天我重新調查參加的人數時，驚訝的發現，平時沉默的小青……舉手了？

小青是個好孩子，功課很好，凡事也都很認真盡責；但個性十分害羞，平時在班上總是輕悄悄的說話，同學們很難感受她的存在。看到她舉手報名，其實我很訝異，同時也很感動。

不過以小青平時怯生生的肢體動作，要在中興堂一千多人面前表演，是有很大的困難的。於是我把她找來，確認她參與的決心：「你真的很想參加嗎？會有一千多位觀眾盯著你看喔！有沒有決心不會怯場呢？」

小青點點頭，依舊用她靦腆的笑容回答我，但是眼神是堅定的。

就像她自己在聯絡簿裡的短文寫道：「這次在中興堂的表演，因為老師說要突破自我害羞的個性，我很想要參加，不知道我自己可不可以做到？……」

我為她加油打氣：「只要有決心，就一定能做到。老ㄙㄨ很期待看到舞台上全新的小青喔！」

於是，我們開始了登台表演前緊鑼密鼓的訓練。因為平時上課我們就有很多戲劇表演的機會，所以大多數的孩子幾乎馬上就上手了，肢體動作都表現得落落大方。唯獨飾演「大手」的小青和另一位孩子，一直跟不上節奏，肢體動作也總顯得生澀、僵硬。

怎麼辦呢？這可是一段極重要的獨舞，整齣戲一到這裡，氣氛就瞬間冷了下來。於是我只好把這兩個孩子留下來進行魔鬼訓練：「那個手拿高一點，你現在要表現出很癢、又很生氣的表情。手抓大力一點，不是只有抓腳，右手、脖子怎麼全亂抓一通了呢？」

我想小青他們可能快被我操到累翻了，不過看得出來他們的眼神逐漸顯露出殺氣，動作也更加的俐落。

很好！這是我想要達到的效果。但我還是希望他們由內在到外在都能更有一種企圖心，於是我說：「既然你們報名了，就代表你們想突破自己，既然都要丟臉了，不如把面子都拿下來踩，丟臉個徹底吧！回到家後，請你對著鏡子不斷的練習，老師也希望你能邀請你的爸媽，請他們來幫忙指導。」

小青果然是乖巧的孩子，回家後真的有練習，因為隔天來學校，她的動作流暢多了，表情也豐富許多。

隔天我也遇到小青的媽媽，媽媽說：「有呀，她回家後就照著鏡子一直練習，而且我也覺得她可以表現更好一些，於是我們在家裡練習了一整晚。」

小青的媽媽，總是用正面的話語與積極行動，來支持她的孩子。雖然她知道小青是個內向的孩子，但她的陪伴卻是影響小青蛻變的關鍵。雖然只是「一隻大手」的角色，但她們母女卻很慎重的看待這件事，並且盡心盡力的將它表現好。

我想在這樣的歷程，這對母女一定享受了一段非常親密的親子互動；同時，小青的心裡一定也很感謝母親的陪伴，對母親有無限的感恩。

音樂劇表演當天，小青的媽媽特地早點到後台來幫忙同學們化妝；在開演前又急急忙忙的趕到前台去等候表演開始。

幕打開了，一群小蚊子飛舞了起來，而大手的動作也不含糊，有層次的在蚊群中開始跳起了舞。

那是我認識的小青嗎？其實我有點訝異，因為在舞台上的她，每個動作都在恰如其分的節奏中，舉手投足都有了力道。我看到小青的媽媽，她的臉上帶著滿足的笑容。

表演結束後，我特地把小青找來，給她大大的鼓勵一番。小青的臉上，還是那副靦腆的微笑。

孩子的成就，端賴家長如何支持。即使孩子做不好，若爸爸媽媽能在一旁支持孩子、鼓勵孩子，孩子會在這些挫折的歷程中站起來，並且表現得更亮眼！孩子正用跌跌撞撞的嘗試，培養面對挫折的能力。但千萬別因為您的愛、您的心疼，而澆熄孩子心中挑戰自我的勇氣。

中興堂表演過後，學校邀請我們，希望我們能在期末音樂會上再演一次。

我對班上孩子問道：「還有誰，想再演一次小蚊子的呀？」我看到台下許多舉高的手中，小青瘦小的手也高舉著。

於是我對著小青偷偷的笑了一笑，她也對我微微笑著。

激勵方法18

影響我教學十幾年的故事——深層溝通

現在的我，每一次和孩子們溝通時，我都會看著他的眼睛、注視著他的表情，看看我和這個孩子是不是已經進入到深層溝通的境界了？我們的對話是不是有意義呢？一直到看見孩子眼中的誠懇與柔軟，我才能確定這樣的溝通是有意義的。

每次去演講，我都會和在場的所有老師分享這個故事。

在我教書第二年時，六年級的某一班裡聽說有一位「流氓大哥」。為什麼這麼稱呼他呢？因為他每天總是做出一些可怕的事，例如：欺負同學、破壞學校公物、打架鬧事、在校外騷擾社區民眾……最特別的，是他們班上的男同學都奉他為大哥，走在走廊上後頭都有兩個小弟跟隨著。

我們同學年的老師們，每天都要聽著他的導師無奈的報告他每天的「最新動態」。其實我很想跟這個孩子聊聊，至少幫他的導師稍微勸勸這個孩子。

有一天放學後，正巧這個孩子還沒有回家，於是我跟他說：「來來來，我們進來教室裡聊聊天吧？」這個孩子一副流裡流氣的樣子，對著我說：「老師，你不用說了啦，我都知道你們老師要說什麼，再見喔！」我還是一邊跟他亂哈啦，一邊拉著他進我的教室當我的客人。

我開始跟這個孩子套交情：「你在同學裡，很有名喔……」我話還沒說完，這個孩子馬上接著說：「我都知道你們老師要說什麼，哎喲，這些話對我沒有用啦！」雖然他的語氣很吊兒郎當，不過聽起來算是不討厭我，於是我不管他，一直跟他聊我心裡想對他說的話。

聊了約莫十分鐘，此刻的他安靜下來了，不再以那副流裡流氣的姿態面對我。不過他也不說話，所以我只好繼續說話，避免尷尬。

再過了好一陣子，突然他看著我，眼神是嚴肅的，臉上沒有太多的表情。他沉默了一會兒，說：「老師，其實，我何嘗不想變好……」

我十分訝異他突然冒出的這句話，連忙追問他「為什麼」。

孩子說：「我的內心深處也想要自己變好啊，但是我回到家裡和回到班上，就沒有辦法……」

原來，這個孩子的家境也挺複雜的，爸爸也是混幫派的；而他回到班上，班上的同學們認定他是「大哥」的形象，也希望他能表現出大哥的威嚴來。

就在那瞬間，我明白了一個道理：**其實被認定再壞的孩子，內心深處也渴望能有變好的一天。他的種種表現，其實是在發出求救訊號，掩飾他內心那份沒人能懂的失落感。**

我也突然體會到：原來和孩子溝通時，是有分層次的！

我們和孩子溝通時，常常只停留在最剛開始的「表面上的溝通」狀態，此時的孩子，不願意敞開心門，會表現出不以為然的態度；但進入了「深層的溝通」境界後，孩子的眼神會改變，表情也會變得專注而嚴肅起來。

進入了「深層的溝通」，我們才能有效和孩子對話，大人才能和孩子做直接的心靈接觸。

這個故事，影響了我之後十幾年的教學信念。

現在的我，每一次和孩子們溝通時，我都會看著他的眼睛、注視著他的表情，看看我和這個孩子是不是已經進入到深層溝通的境界了？我們的對話是不是有意義呢？一直到看見孩子眼中的誠懇與柔軟，我才能確定這樣的溝通是有意義的。

有了一次這麼深層的溝通之後，下一次再與孩子對談時，就能快速到位。因為在師生之間，已留下一個深刻的心靈印記。在那兒，有種默契在裡面；在那兒，有種「我懂你」的感動在裡面。

最後孩子們再度攻下分數，以五比三贏了這場比賽，得到季軍！能得到這樣的名次真好，不是「冠軍」，也不是「亞軍」，而是一個得來不易的「季軍」。

他們從失敗中站了起來，學習到比「成功」更珍貴的道理。我也在這樣的歷程中，不斷放下試圖干涉孩子們的心。

激勵方法19

失敗，也是珍貴的學習課程

期中考的考試結束後，校園裡彌漫著一股說不出的煙硝味，因為校內的樂樂棒球比賽，正如火如荼展開中！

這樣的比賽其實是考驗孩子的能力，也考驗每一位老師所持有的教學信念。**我不喜歡在班際比賽剛開始時，就挑出班上的精英選手，進行長時間的魔鬼訓練；我總是在比賽的前一天，才選出代表選手。**

我要全部的人都為了爭取少數的名額，而全力以赴的提升自我實力，展現旺盛的企圖心。

我也喜歡在比賽前將孩子們的技巧與體能調整好，比賽時就退居幕後，看著他們在球場上賣力的「表演」，所以第一場比賽時，我是躲在樹下看他們比賽的。一開始孩子們有些亂，但最後他們贏了比賽，終於進入了複賽。

「嗯，表現不錯喔！」我在樹下等他們回來，和他們分享著打贏球的喜悅。

樂樂棒球複賽訂於隔天，其實他們的實力很好，打擊和防守都很有冠軍相，就只欠缺實戰經驗。

我大方的讓他們自己去安排著棒次；也讓他們彼此去

擬定戰術，彼此分享打擊、防守的技巧。

這是屬於他們的戰鬥，我相信由他們自己去溝通與協調，就可以找到團隊裡最佳的默契與鬥志。這種在比賽歷程中的學習，其實更勝於比賽的輸贏結果。

隔天進入到第二場複賽，一開始就不夠專注的他們，連排隊、換衣服都是一團混亂。用這種態度面對比賽，實在是太輕率了！我有點訝異，只好板起臉孔唸了他們幾句。果然不出我所料，太過鬆散的結果，一口氣就被攻下七、八分；孩子們一下子亂了陣腳，不是這裡漏接，就是那裡暴投。

後來我實在是忍不住了，只好從樹下走出來，開始我的大怒吼。看到老師在「大怒走」，孩子們煩躁的心情迅速冷靜了下來，開始認真的防守。

不過一開始真的是輸得太多，後面再怎麼追也追不回失分了，最後我們輸得真慘！

我說過這樣的比賽，其實是考驗著每一位老師所持有的教學信念。我不喜歡這

樣，我不喜歡孩子們這麼混亂的感覺；我也不喜歡我沒有辦法堅持我自己的想法，只能用狂飆的方式來終止這樣的混亂。這樣的過程，學生需要學習，老師也需要學習與自我調整。

所以比賽結束後，我花了很多時間和他們溝通我所看到的缺點，並且一一指出他們每個人失誤的地方。我也鼓勵著他們接受失敗的感覺，並把握所剩不多的時間再練習。

我把更多的主權都讓給他們，我挑了幾個比較可以、比較不行的選手，讓總指揮在中午時自己派人去測試他們的實力，挑選最適合的選手；因為總指揮的請求，所以他們自己在午休時好好把每個人重測過一遍；又因為總指揮的拜託，我也讓他們利用最後一節課時對女生群加強打擊與防守的練習。

沒有時間悲傷了，也沒有時間可以自怨自艾了，更重要的是，他們有沒有被激發出強盛的求勝意志，以及團隊的合作默契呢？

我反省著自己，我想我退得還不夠，我應該退得更後面才行。

隔天一早，我就看到總指揮自發性的跳上講台，重新擬定戰略。比賽時間到了，我站在「比樹下更後面」的司令台後方，準備用微笑接受他們的最終結果。

沒有老師在一旁碎碎唸，他們自發性的排好隊伍，自發性的穿好球衣，甚至連班上的啦啦隊也很認分的站在該站的位置。失敗不算什麼，感覺上他們已經準備好面對這一場決鬥了。

對方實力很堅強，一開始每一局都被攻下一分，目前零比三，我緊張到心臟都快跳了出來，班上的啦啦隊也在我身邊歇斯底里的大叫，在司令台上跳上跳下的。

我幾度忍不住從司令台後面走出來，繞了一圈後、又默默的走回司令台後方。這是屬於他們的比賽，而他們已經準備好了，我不該介入太多的。

趁著對方一次失誤，他們抓住了機會，一支支大砲發揮了功能，一口氣攻下四分。得分也鼓舞了士氣，於是他們的守備愈來愈滴水不漏，絲毫不讓對方有得分的機會。

阿祖在球場上狂奔，成功攔下兩次「幾乎不可能接到、對方有得分機會」的危險高飛球，當場成為全班的偶像。最後孩子們再度攻下分數，以五比三贏了這場比賽，得到季軍的名次！

這場比賽贏得真的很不容易，全班都開心的抱著彼此尖叫了起來。

能得到這樣的名次真好，不是「冠軍」，也不是「亞軍」，而是一個得來不易的「季軍」。

他們從失敗中站了起來，也學習到比「成功」更珍貴的道理。

我自己也是。我也在這樣的歷程中，不斷的放下試圖干涉孩子們的心。

失敗，也是一種珍貴的學習課程。我放手，我退得更後面，然後才能夠漾起更多的微笑，和他們一同成長！

激勵方法20

提高學習動機──小組競賽

廁所裡現在正以超高的效率做好整潔工作，比較有領導能力的孩子，會自動跳出來指揮大家。沒有人在摸魚偷懶，也沒有人在抱怨廁所髒，大家心裡想的都是：怎樣才能把廁所再打掃得更乾淨些。

在教學中，運用分組技巧，就可以達到事半功倍的合作效果；如果我們再營造一點小小的競賽感，就能快速提高小組合作的學習動機。

今年我們班上剛好負責打掃兩間廁所，不過日復一日的掃廁所，時間久了，孩子們難免顯得意興闌珊。有時我才剛一走進廁所，就被撲鼻而來的尿騷味給嚇得後退三步，於是我皺著眉頭說：「哇，怎麼廁所這麼髒亂？」

此時，就會引發彼此怪罪的混亂場面：「都是他啦！每次打掃都在玩……還有他啦，叫他去打掃都不認真……」

「既然如此，我們來舉辦一個『打掃廁所大賽』吧！待會兒兩間廁所來比賽看看哪間最乾淨，同樣的，別人也會來你們的廁所嚴格的挑問題喔！」

一聽到又要玩「挑問題」的競賽，孩子們馬上個個眼睛發亮，衝進去廁所手忙腳亂的狂打掃。

「嗶！」十分鐘後一到，我集合兩邊人馬，讓他們進入別組負責的廁所，用最高規格的檢視標準，找看看對方的廁所有沒有重大的打掃缺失。

每一個孩子就像名偵探柯南，拿著放大鏡在廁所裡東鑽西找的。廁所裡乒乒乓乓的，感覺整間廁所都快被翻了過來。

等到兩邊的小偵探集合完畢，我問：「來，說看看對方有

哪裡沒掃乾淨的地方？需要再加強的地方？」

打掃五樓廁所的孩子首先發難，對著打掃四樓廁所的孩子說：「有！他們的馬桶沒有刷乾淨，有便便的痕跡。」

打掃四樓廁所的孩子問：「哪一邊的？」

「女廁最後一間。」

於是四樓廁所的孩子每個人無不面面相覷，嘴裡不斷嘟囔著：「你看吧！我就說要刷乾淨一點。」

等到掃五樓廁所的猛烈炮轟得差不多了，我們再把球丟給打掃四樓廁所的孩子吧！掃四樓廁所的孩子們說：「五樓廁所的掃具間很凌亂，小便斗有尿騷味，洗手台下面沒有刷乾淨……」哇哇哇，五樓廁所被挑出來的問題可不少。

如果有些缺失是可以被解釋的，我會留時間讓他們去辯解，我想另一邊的孩子也能夠體諒，因為他們自己也很怕對方吹毛求疵；不過真正有問題的地方，他們都心甘情願的接受，因為他們真的沒有做好。

等到大家都檢討完畢了，我笑著說：「那麼大家都聽到對方幫你們找出來的問題與建議了吧？老師再留五分鐘給你們，請你們用最快的速度，把剛才那些缺失改進後

再回來，我們還要再比賽一次。」

我的話還沒有說完，孩子們已經迫不及待的想往廁所裡衝。

廁所裡現在正以超高的效率做好整潔工作，比較有領導能力的孩子，會自動跳出來指揮大家。沒有人在摸魚偷懶，也沒有人在抱怨廁所髒，大家心裡想的都是：怎樣才能把廁所再打掃得更乾淨些。

這樣的小組競賽感，可以一直持續下去，例如：進行第二次檢查、第三次複檢、或是讓看不下去的那一組幫另一組打掃，總之**這樣的小組ＰＫ賽，是孩子學習如何打掃方法的歷程，也是培養他們團隊榮譽心的重要過程**。

孩子們其實都知道該怎麼做，我們只要營造出小小的競賽樂趣，相信也就能誘發出多層次的學習效果來。

激勵方法21

訓練上台能力——笑話值日生

班上孩子們對於這「說笑話」的活動，態度有明顯的改變。從開始的「害怕獨自上台」，到現在迫不及待的想上台和大家一同分享笑話，這樣的轉變不禁令人會心一笑。

1 笑話值日生

你是如何訓練孩子上台發表能力的呢？除了經常性的讓他們上台發表之外，關於個人部分，我則是用「說笑話」來有計畫的訓練他們。

每天，我會請兩個學生，按照座號輪流上台當「笑話值日生」，任務是「說笑話給全班聽」。我認為，笑話要講得好十分不容易，因為那要充分抓住所有聽笑話者的專注力，以及營造出最後掀開底牌的緊張氣氛。

懂得別人聆聽時的心境，才會懂得如何與人應對進退。同時，**講笑話是種能力，可以緩和現場情緒，對日後在人際關係能力培養上也多有幫助。對班級而言，也是一種生活的調劑品。**孩子們都好愛每天講笑話的活動。

每天兩個同學上台講笑話，其實不會耽誤到太多上課時間，最多五分鐘，這是十分有效率的班級經營活動。

我跟他們說：「如果你把笑話講得好，可以為小組加十分。如果你講得太好笑了，把老師逗笑了（基本上老師是超冷感大師，要讓老師哈哈大笑不容易），還可以拿到一張獎卡喔！」男學生們個個前仆後繼的衝上台說笑話，而對女學生來說這則是她們夜以繼日的噩夢。

班上小甄，就這麼訴說著她恐怖的遭遇。

今天真的是嚇死我了！因為今天輪到我和小雯一起上台說笑話，站上去時，真的嚇死我了！全班三十四個人眼睛睜大大的看著我，真的好可怕！以前，都是別人上來陪我演戲，很少自己上台，所以當我一站上台去，我就開始緊張了！

這時，我突然靈機一動，想起媽媽和我說過的話，她說：「如果緊張了，就慢慢的深呼吸，就比較不會緊張了！」我就開始慢慢的深呼吸，在做的時候，台下突然傳出：「小甄她在幹嘛啊？」「她為什麼要做氣功？」

我張開眼睛，一大堆人用著不耐煩的眼神看著我，再加上我們這一組的人好像一直對我放電，我只好開始講笑話了。但是我在講的時候，嘴巴一直抖來抖去，只好再次的深呼吸。這次，大家卻一直哈哈大笑，我又更加的害羞了！我發現連我最要好的兩個好朋友也在笑，真的有這麼好笑嗎？

在那個時候，我緊張到突然蹲了下來。結果，一大堆人說我在「蹲馬桶」。只不過事後想想，發現還是自己沒有把自己的本分做好，才會在大家面前做出「做氣功」和「蹲馬桶」這麼丟人現眼的事情，也只能自己怪自己囉！總不能推卸責任吧？

現在只希望，下次要上台說笑話的人，不要像我一樣，沒把自己的膽量訓練好就上台。希望他們的表現可以一次比一次好。

不過小甄這篇短文，是描述學期剛開始的第一次上台。一個學期將結束，班上孩子們對於這「說笑話」的活動，態度有明顯的改變。從開始的「害怕獨自上台」，到現在迫不及待的想上台和大家一同分享笑話，這樣的轉變不禁令人會心一笑。

像孩子宛恩就在聯絡簿裡寫道：

原來，講笑話要得到十分並不是件困難的事，只要把最後最好笑的那句話說清楚，別人就會愣住，然後就會笑出來，也就可以加十分了！這次的辛苦總算沒有白費。

我想，再訓練個一年，這些孩子對於上台發表，應該再也不會感到恐懼了吧？

2 身敗名裂的笑話

雖然每天班上總會安排兩位同學擔任「笑話值日生」的工作，不過今天這兩個笑話值日生顯然不太盡責，說的笑話超冷的。回頭望了望全班學生，發現他們全被暴風雪給凍壞了。為了讓場子暖一點，我只好接起麥克風，親自下場示範如何講笑話。

「好吧！換我來講笑話好了，剛才聽到前一位同學說的放屁笑話，老師這裡也有個真人實事的笑話。」話還沒說完，全班就響起熱烈的瘋狂掌聲。

大家要知道，「拍馬屁」這檔子事，在我們班上是無時無刻要遵守的班規呢！

「嗯……」我清清喉嚨的說著，這時又響起第二陣瘋狂的掌聲。

「不過呢，我實在是很猶豫要不要說，因為說完了，我自己可能會身敗名裂。」

「老師，你說嘛！……」第三次瘋狂的掌聲，是「牽絲（台語）」著拜託與哀求的語調！

「好吧，那我說囉……噗哧！呵呵……我說不出來啦！……」我在講台上，演起黛玉葬花的嬌嗔戲碼。台下的學生，直接吐了一地。

「好啦！說正經的！這個笑話是發生在上禮拜，班上不是有位女同學身體不舒服嗎？於是我讓她躺在學習角的木地板上休息。就這樣休息了好幾節課，我都幾乎忘了有她的存在。

「到了下午第一節課，你們跑去上科任課，而我在教室裡使用電腦（請注意，電腦也在學習角的裡面，稍微靠前方的講台）。突然，我的肚子一陣絞痛！眼下四處無人，於是我將小屁屁稍微抬高了些，『噗～』一聲，驚天動地的長屁，就這麼噴射而出。

「於是呀，正當我神清氣爽的繼續使用著我的電腦時，突然我的心裡一驚：咦？我的後面好像有人耶……

「我以『一秒十度』的緩慢動作，驚慌的慢慢將頭轉到後面去看。我的媽呀！那位女學生還在我後頭躺著耶！她不但沒睡著，反而還很尷尬的將衣服拉起，遮住了頭。」

全班聽到這裡，早就猛拍桌子，哈哈大笑了起來。我不疾不徐的接著說：「更慘的是，你們都知道，我的腳下有台電風扇，正對著我吹，而女同學就躺在我的正後方……」所有學生一想像到那種畫面，再也忍不住了，笑得全滾到地上去了。

「我可以感受到這位女同學，忍住不敢笑；但是呢，這時又有電風扇不斷的將臭屁吹來，她只好整個人愈縮愈裡面，愈縮愈到角落裡，整個人全糾結成一團。而頭上，仍是那件蒙著頭的外套。整間教室裡，就只剩下『羞到想自盡』的老師，和『臭到想自盡』的學生。兩個人尷尬的對望著，完全不知道該說什麼，來化解這永無止境的尷尬場面。

「你瞧，這不是身敗名裂，是什麼呢？」我望著笑到打滾的學生們，嘆了一口氣這樣說著。

3 終於到家了

前幾天的笑話值日生，說了這麼一個笑話：

有一個女生，半夜走回家時被怪怪的男人跟蹤。她擔心自己性命堪虞，危急之際她想出了法子，於是她慢慢的走到一旁的公墓，找到一座墓碑，坐下來說：「啊……終於到家了！」

那名男子馬上嚇得落荒而逃。

又一天，這個女生半夜走路回家，又遇到同樣的事情。所以她又如法炮製一番。沒想到，男人走到她旁邊的墓上，躺下來說：「太好了！沒想到我們是鄰居。」

好笑，真好笑！這個笑話把我們笑得東倒西歪的，獲得全班的滿堂喝采！當然囉，這位笑話值日生，為他們那組順利的加到滿分十分！

隔幾天，上到健康課的「防範性侵害」單元，孩子們以精湛的演技，詮釋了該如何保護自身的安全。戲劇表演結束後，就是「有獎徵答」時間了。主持人問道：「請問，如果一個人深夜走路回家，遇到色狼跟蹤，該如何應變與處理呢？」

標準的答案此起彼落：「可以往人多的地方走，還可以到便利商店去求救，也可以去按住家門鈴，說：『爸媽我回來了！』……」

突然主持人矛頭一轉，問了被抽問的小傑：「如果路上沒有路人、沒有警察，也沒有商店，而且按門鈴的住家也不開門呢？」

「呃……」想了一會兒的小傑，突然脫口而出，說：「找塊墓碑，對著它說『終於到家了！』……」

激勵方法22 最讓學生感動的處罰——罵自己

我緩步走向前，等待著阿鈞說話。阿鈞望著我說：「我知道了，這樣罵三字經很沒有教養。」話還沒說完，他豆大的淚珠便滾了下來。

1

今天，班上愛搞怪的阿榮又闖禍了。

打掃時間他在電腦教室裡，將一桶水濺得到處都是，電腦教室裡的電源開關、轉接器……全都遭殃了。其他學生向我回報，不得已，只好將他叫回來。阿榮一回來，就一臉「我完蛋了」的緊張表情。

我說：「發生了什麼事？」他含糊的將事情說得零零碎碎的，從頭到尾我都看著他，雖然沒發火，但也盡量不笑出來破功。

我說：「那你覺得自己該不該罵呢？」他不住點頭，暗示我這個劊子手快下手吧！

我對著他說：「你應該罵，可是我不想罵你，所以要請你來罵一下自己……」

「什麼？老師你說什麼？」阿榮問。

「罵自己呀，自己那麼可惡，你要罵自己十句才行！」我微笑的看著他。

「怎麼罵？」他實在慌了，問了這句。

我說：「現在你面向這個椅子，假想你自己阿榮正坐在這個椅子上，你要把他的罪狀都罵出來，幫老師罵一下！」

阿榮愣了半天，緩緩的對著空椅子吐出一句：「你這樣潑水很危險，如果電腦教室爆炸了怎麼辦？」我伸出一隻手指頭，暗示他「已經一句了」。

「你怎麼可以這麼不小心？為什麼每次都犯同樣的錯誤？你永遠這麼頑皮？大家以後都不喜歡你了……」每吐出一句，都要歷經一分鐘之久，每一分鐘對於阿榮而言，都是天人交戰的肉搏戰。

隨著我逐漸集滿的十隻手指頭，終於罵完自己十句的阿榮，摀住自己的嘴，一副欲言又止又感覺自己罪孽深重的表情。

「把你剛才說的都回想一遍，永遠別忘記！」我溫柔的對著阿榮，下了這樣的一個結論。

劊子手今天不做劊子手，要做救贖的使者。

我對著他發出法喜充滿、溫暖慈悲的微笑，於是我們師生兩人相擁而泣，哭倒在無人的教室裡。（最後兩句是我想像的啦……）

2

今天阿誠闖禍了，我決定如法炮製一番。

我對著他說：「你覺得自己可惡不可惡？」

他唯唯諾諾的說著：「很可惡！」

「那你是不是要罵自己一下？這樣好了，幫老師罵你自己十句吧！」我又開始朝著他施魔咒。於是，阿誠開始朝著椅子連珠炮的罵著自己：「你怎麼這麼愛講話？你這樣不行……」

我忙著和其他學生談事情，沒想到不一會兒，阿誠告訴我他已經罵完自己十句了。我有些驚訝的說著：「真的嗎？你罵完自己了？」

阿誠朝著我點點頭，他有點半狡猾的眼神，透露著被柯南識破的線索。於是微笑的使者從椅子上摔落下來，瞬間變成惡魔撒旦。

我說：「那你得問問他，有沒有被你罵醒了？」話還沒說完，我把站著的阿誠轉身，壓坐在椅子上。我問坐在椅子上的阿誠說：「你剛才是不是被罵？有沒有被罵醒？有沒有感到很後悔呢？」

突如其來感到錯愕的阿誠，噗哧一聲笑了出來，然後，笑著說：「有！」

我說：「你看你，還在笑，一點都沒有感到羞愧的心情。這表示被罵得還不夠，一點都不懂得反省……」話還沒說完，我又將阿誠從椅子上拉起來，迅速將他轉身，指著空椅子並對著站立的他說：「你看，他並沒有被你罵醒，再罵他十句吧。」

阿誠他簡直是憋不住快笑出來了，但是他忍住不敢破功，又對著空椅子重複罵了自己十句。這時，我問他：「罵完了呀？你覺得他有沒有覺悟？」說到這裡，我也忍不住快笑出來了。

「有……」阿誠的嘴角下拉，硬是忍住笑意，從嘴角邊迸出這個字。「好，那我問他。」我隨即又將阿誠轉身，讓他坐在椅子上。我問椅子上的阿誠說：「你，有沒有被他罵醒？」

這時，阿誠已經憋不住了，噗哧笑了一聲破功，但隨即又咬住牙不敢笑。只見他用兩隻手固定住自己的臉頰，嘴唇硬是咬住，深怕被我看出他在笑。只是愈ㄍㄧㄥ，他愈忍不住，每隔五秒鐘就不小心露出笑容，隨即又硬按住自己的臉頰。偷笑、撐住、偷笑、撐住……的動作，不斷的在我面前循環。只是他的肚皮露了餡，在我面前拚命的抖動著。

實在是太好笑了，我哈哈大笑的問他：「你在笑嗎？」

「沒……有……」他硬壓著臉頰，強忍著笑意，困難的吐出這兩個字。哈哈哈，我笑得更大聲了，我說：「有，你有在笑！」

「沒有！」

「有！」

「沒有！」……

我笑到無力，他忍笑也忍到無力。於是我們師生兩人相擁笑到掉淚，笑倒在眾目睽睽、笑聲氾濫的教室裡。（最後兩句還是我想像的啦……哈！）

3

從學生群中，傳出眾人的驚呼聲：「ㄏㄡˊ！」我循著聲音望過去，眾人指著阿鈞露出驚訝神情。

「怎麼了？」我問。

學生們回答我：「老師，他罵三字經。」

完了，平日乖巧的阿鈞，怎會做出如此的事情呢？「阿鈞，過來！」我說。

阿鈞緊張兮兮的跑過來，看得出來他是無意的，只是脫口而出。但是孩子們都在看我，等著看老師要如何不偏頗的處理這件事，於是我說：「剛才你做了什麼？」

阿鈞支支吾吾的答不上來，最後在我的眼神攻勢下，才說：「剛剛同學拉我，所以……我……我罵……三字經……」

「別人拉你，你就罵三字經喔？」我好奇的問。

「我不小心說出來的。」阿鈞辯解說。

「不小心？如果平時沒說習慣，怎會不小心說出來呢？」我反問。此時，阿鈞滿頭大汗，只好點頭。

「我不想罵你，這樣好了，你去罵自己十句吧！」

原本就有口吃的阿鈞，一緊張起來，結結巴巴的好不容易吐出一句：「你怎麼可以罵髒話呢？這樣很沒有水準！」

「一句！」我邊改作業邊比著一隻手指頭。不過，才這麼一句，阿鈞就杵在那兒，呆若木雞，看起來好像就算搔破頭，他也想不出第二句來。

這時，「請你自己罵自己」的創始者——阿榮，恰巧走過來。

我對著阿榮說：「你罵自己最有經驗了，你教教他吧！」此刻阿榮拍著胸脯對著阿鈞說：「來，我教你啦！首先你要對牆壁罵，最後你要轉過來，說自己錯了，下次要改進。」

於是這哥倆好，就在我身後，玩起了扮家家酒的遊戲——「罵髒話的人」，扮演「罵人」及「被罵」的角色；而之前「罵自己的人」，又扮演著「教罵」的高手。這一人分飾好幾角的遊戲，我都看糊塗了！

十分鐘後，我轉身才驚覺他們還在進行這恐怖的遊戲。這時，只見阿榮無力的倒在旁邊椅子上，對我大叫說：「老師，好久喔！他才罵九句啦！還有一句……」就在這瞬間，阿鈞迸出最後一句：「你知不知道這樣罵三字經很沒教養呀？」

阿榮興奮的跳起來，將阿鈞轉過身來，說：「好，十句了，現在你要對著自己說你學到什麼。」

我緩步走向前，等待著阿鈞說話。阿鈞望著我說：「我知道了，這樣罵三字經很沒有教養。」話還沒說完，他豆大的淚珠便滾了下來。

我用充滿慈愛的眼神，望著阿鈞說：「下次千萬別這樣囉！」

阿鈞擦擦眼淚，點頭稱是。

這次我們師生不搞笑，這次是玩真的。

激勵方法 23

激發學習熱情（二）——同儕的正向力量

曾經放棄過自己的、被同儕排擠的、會說謊的、愛計較的……的孩子，都慢慢去掉他們令人不怎麼愉快的一面，取而代之的是臉上多了一份自信與氣質。

昨天和新認識的研究生Coco老師聊到班上，我開心地向她分享有些孩子升上六年級後，都有極大的轉變。

曾經放棄過自己的、被同儕排擠的、會說謊的、愛計較的……的孩子，都慢慢去

掉他們令人不怎麼愉快的一面，取而代之的是臉上多了一份自信與氣質。

提到這些孩子，我都能滔滔不絕的說出一篇篇關於他們的故事。Coco老師問：

「老ㄙㄨ，你是用什麼方法改變這些有偏差行為的孩子？」

我想，這應該可以從幾個著力點來切入：平時老師在台上的小叮嚀、事件發生時的彈性處置、師生在聯絡簿上的情感交流，還有來自同儕之間的相互扶持力量……不過今天我想談的是關於同儕的正向力量。

高年級的孩子，會特別在意同學的眼光，所以可以跟他們聊聊：發生這件事，同學們會有怎樣的觀感，以及會如何影響到自己的人際關係。通常從同儕這方面去幫他們剖析後果，會收到警惕的效果；孩子的偏差行為、人緣不好的狀況，也會有所改善。

但是，同儕的關懷與相互打氣，也是十分重要的。讓這些孩子感受到來自環境的善意，會讓他們願意改變自己、努力迎合同儕的期望。

平時愛與人口角的孩子，這麼說著：

我很謝謝小青和阿汝教我數學，今天我有不會的題目，他們主動跑來教我，我真的好謝謝他們。另外，我覺得被幫助的人，會很感謝幫助他的人，所以我要多做善事，才會快樂！

在上數學課時，我要求班上孩子在算對自己的數題時，要很熱心的跑到需要幫助的同學旁邊，協助別人算數題。

在這樣的過程中，孩子由感謝的心情，也慢慢感受到：「我真的好謝謝他們……被幫助的人，會很感激幫助他的人，所以我要多做善事，才會快樂。」

這幾天在班上重新推動「善行信箱」，來自於同儕之間的感謝、鼓勵、加油打氣，都像一陣陣的暖流在教室裡流動著。

這種同學間的情感交流，會不斷的激盪出火花來，不管是行為表現上需要協助的，還是一向表現優異的孩子，整個班級都進入一種向上的趨勢。

今天收到了小青和愛玉寫給我的善行小卡片，愉悅的心情持續一整天，印證了「助人為快樂之本」這句話一點也沒錯。雖然對我而言，只是舉手之勞，但是能幫助同學解開對數學的疑惑，我也相當開心。自己也曾經對不了解的數題頭痛，一旦領悟了，就不會對它心生畏懼，希望能盡棉薄之力，幫助更多人。

所以孩子阿汝才會說：

今天做了一個大大的好事，雖然是老ㄙㄨ叫我們做，但是我還是很開心，我呢，寫給潘、嫻、冰、純，內容都不一樣！

我也知道老師為什麼叫我們寫，因為老師希望能為一些不太有朋友的人，幫他們打氣、加油！讓他們知道這個班級可以給他溫暖，讓他不覺得自己是一個人！

所以藉由同儕的正向力量，行為偏差的孩子，會得到安全感。於是，他們不再感到孤獨，他們將會變得愈來愈好。

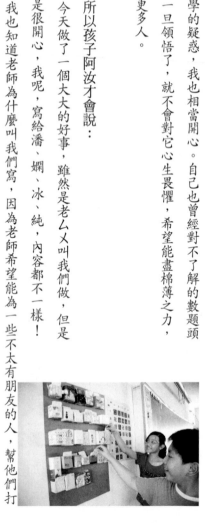

激勵方法 24

向孩子的心靈深處喊話

星期一我再度看到大目仔時，我問他：「現在的你，究竟是第幾個你呢？」大目仔想了想，悄聲的說：「第三個我。」

大目仔，恭喜你清楚的看清自己的情緒，也成功的從火星回來地球了！我們可以來開始聊聊上回發生的事了。

1

大目仔又跟同學吵架了，找他來，結果他一臉怒氣，怎麼溝通都溝通不來。我說：「現在的你，是第二個你，我實在是溝通不來，你還是先回去吧！」大目仔有點愣住，但我已經轉身離開。

大目仔是班上情緒轉變較大的孩子，其實他個性很可愛，可是生氣起來，總是得理不饒人。如果是他自知理虧，就會故作可愛狀，嘴巴嘟起、聲音裝嗲，試圖用裝可愛來混過。

所以我跟大目仔說：「據我長時間偷偷觀察，我發現你有三個你。」

大目仔有點驚嚇：「什麼？我有三個我？我不是就是我？為什麼還多出另外兩個我？（這怎麼有點像在繞口令？）……呃，老師，你忘了吃藥了嗎？」

「嗯，沒錯！第一個你，是做錯事時愛裝可愛，希望以幼稚的動作來逃避被大人碎碎唸；第二個你，是得理不饒人的你，很難溝通，臉上的面貌也很凶惡；第三個你，則是臉上流露出柔軟的表情，眼神中有種深思的智慧，也願意和人分享、溝通。」

聽完，大目仔「喔」的一聲，他明白我在說什麼。

於是在和他溝通的過程中，我會直接指出他究竟是在什麼狀態——是在強辯？還是在推諉塞責？或是真能真誠的接受他人的想法？我得一直等到他變成了第三種的他，才有機會進入他的心，我們的溝通才有意義。

和同學爭吵的這件事經過一個週末假期，星期一我再度看到大目仔時，我問他：「現在的你，究竟是第幾個你呢？」大目仔想了想，悄聲的說：「第三個我。」

大目仔，恭喜你清楚的看清自己的情緒，也成功的從火星回來地球了！我們可以來開始聊聊上回發生的事了。

2

經過一個週末假期，有幾個孩子又玩瘋了，作業缺交得亂七八糟。這已經發生過很多次了。在學校有我的督促，因此這些孩子在各方面表現都不錯；但不知怎麼了，只要經過一個週末，他們就變得渾身不對勁。

說得太多，也累了。於是我找了一個學生過來，按著他的頭，說：「你到底是誰？你是不是我認識的那個人？

「我要使出一張『魔法卡』，現在要召喚一隻魔獸……啊不是，是要召喚裡面的你出來……」我學著卡通《遊戲王》的對白，被我大手困住的孩子，「噗哧」一聲笑了出來。

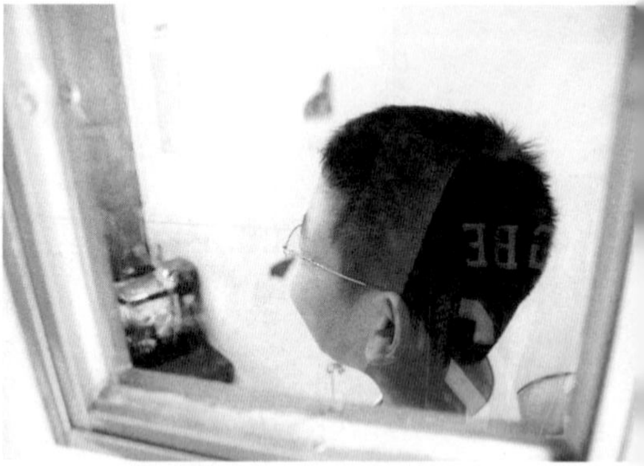

我的手繼續放在他的頭上，像極了某種神祕的儀式。我說：「裡面的那個你，有正向的力量隨時會提醒自己，才是好的你。裡面的你快出來，快趕走外面那個被生活惰性困住的自己。」

我是真的想對他的心靈深處喊話。**每個人的內在，都有好的自己；裡面那個好的自己要有力量，才能提供源源不絕的自省能力。**

下午，我和這個孩子有機會在電梯裡獨處。

我說：「嘿，你現在是外面的你？還是裡面的你？」

孩子想了一會兒，輕聲的說：「現在的我，是裡面的我。」

「很好，裡面的你比較乖。別讓有壞習慣的外面的你，把好的自己給帶壞了；也別讓內在好的一面，被自己給蒙蔽了。」我拍拍孩子的肩膀，這麼說著。

（唉，看得出來，這個老師果然是一位人格分裂的雙子座啊……）

激勵方法 25

讓孩子和父母一起工作

每個孩子都寫道：「我現在知道爸媽賺錢的辛苦了！」真好，這樣的作業就是如此。認真的去完成，就會從這過程中獲得很深刻的體認，因而更能深入去思考生命的本身。

還記得新接班級時，孩子阿鈿的一篇善行小短文，讓我十分驚訝。

我的善行是幫媽媽賣東西，因為媽媽很忙，所以我去幫忙爸爸媽媽，因為他們在賣豆乳雞，有的時候會很忙，我會幫忙賣。

原來阿鈿的爸媽，在夜市裡賣豆乳雞。假日有空的話，阿鈿都會到夜市去幫忙爸媽叫賣。類似這樣幫爸媽工作的短文，經常出現在他的聯絡簿中；有時甚至回到家都深夜一、兩點了。班上的孩子都稱呼阿鈿為「豆乳雞王子」。

愈是吃過苦的孩子，愈能懂得惜福；曾和父母一起辛苦工作的孩子，也愈能明白每分錢得之不易的道理。所以我有個想法：有機會的話，每個孩子都該和父母工作一整天，去體會父母親工作的繁忙與辛苦。

於是我趁著假日前夕，出了這樣一份作業——「和父母工作一整天」。黑板上剛出現這樣的作業，瞬間引發班上一場小暴動：「老師，這作業很難耶……我爸媽一定不同意的啦……老師，我爸媽在假日不用上班……」

我知道這作業要完成的難度很高，於是我又加了註解——「或和父母一起完成一件辛苦的事」。

這種難度很高的作業，最後有沒有被完成，我並不會追根究柢。但我知道一定有乖巧又聽話的孩子，會認真執行老師所交付的任務；而最後得到珍貴且深刻的體驗感受的人，也一定是他們！

隔天一到校，我訝異的發現，大多數的孩子都完成了這樣的作業；而且看了許多他們幫忙父母工作的照片，更讓我驚呼連連。

孩子愛玉家裡是修車的，為了這項作業，她真的是全力以赴，把雙手弄得髒兮兮的。

我是和爸爸一起工作的，我爸爸是修車的，我看我爸爸每一天都做到晚上八、九點，有時則不太一定，客戶如果要修車，爸爸就要上工了！

我今天都是做一些比較不危險的工作，因為爸爸怕我受傷，而且媽咪也會擔心我。我做完之後，我的手整個烏漆媽黑的，沒錯！每一次爸爸工作完，他的手一定會留下他工作的痕跡。

到了今天我自己下去體驗，我才真正知道爸爸的辛苦。所以我從今天開始要更懂得孝順父母，不讓他們擔心。還有爸爸如果有什麼腰痠、背痛，我有空一定會幫忙的。

孩子小豪的媽媽為了家計，兼了不少份工作，其中一份就是送報。清晨四點就要在那邊整理報紙，小豪做得到嗎？

太感人了！這麼早就跟著媽媽一起送報紙，一定有很多、很深刻的感觸吧？

這個禮拜日，我和媽媽清晨四點就要起床準備了。這是我第一次那麼早起床，所以不習慣。我們騎著載報紙的小ㄅㄨㄅㄨ，當我們到了載報紙的地方，就要開始分報紙。首先，1要先領報紙，2大張報紙（A版、B版）套在一起，成為一份報紙，3再來把報紙分類、打包，送大樓的需要在報頭一一寫上住戶號碼，4上車出發送報，一家一家的送。

每家看的報紙不同，都要記住，這給了我很大的挑戰。媽媽為了讓每戶人家都收到報紙，一定會把報紙摺好才放入信箱，讓人家安心的看。這讓我了解了媽媽的辛苦，但是媽媽說：「這樣不算什麼，有時候下雨刮颱風，還是要去領報紙！」媽媽真是辛苦啊！

還有肉圓，原本我以為他會出現在早餐店裡幫忙媽媽，沒想到出現的是這樣的照片。什麼？是挖土機耶？這下子未免玩太大了吧？可是肉圓說他可是常去幫忙呢！

有時候爸爸很忙，我會幫爸爸開動機器，不然爸爸還要從推土機上面爬下來，實在很麻煩。所以我會幫爸爸開關機器，這樣爸爸才忙得過來。有時還忙到我才喝一口茶，或剛坐下，就要再去按開關，才能把沙子震下去。這樣一直反覆做真的很累，可以想像爸爸工作實在「粉」辛苦。

除了照片，許多短文也讓我嘖嘖稱奇。

今天我和媽媽到第五市場，我幫媽媽擺東西、看店。平常我也會到店裡幫忙，可是一想到星期一到星期五，都沒有人幫忙媽媽，就讓我覺得媽媽實在很辛苦。每天要搬又多又重的東西，真不知媽媽會搬出什麼病來？媽媽，您辛苦了！

最近爸媽經營一個開心農場，這次連續三天假期，我就跟著去農場幫忙。雖然我的工作只是拔拔草，才短短幾個小時，我就累垮了。一脫掉手套，我就呼呼大睡。爸媽說這是開心農場，可是我覺得很辛苦，所以我應該更懂得珍惜我所擁有的一切，我真是個幸福的小孩！

直到今天，阿鈿幫忙賣豆乳雞照片，終於送到我的手上了。也為這個教學活動，畫下圓滿的句點。

我的「和爸媽一起做一件事」，是和爸媽一起去夜市工作。因為爸媽沒有在工作，所以就在夜市賣豆乳雞。每天都做到十二點多。我有空時也會去，回來的時候超累的。我知道爸媽賺錢的辛苦，爸媽您辛苦了！

每個孩子都寫道：「我現在知道爸媽賺錢的辛苦了！」真好，這樣的作業就是如此。認真的去完成，就會從這過程中獲得很深刻的體認，因而更能深入去思考生命的本身。

當孩子懂得父母維持家計的辛勞時，我們的孩子就會變得更感恩，也會更明白父母親的心意。**「邀請」孩子來參與大人的生活，對他們是一種很重要的人生課題**，千萬別因為我們的愛，而阻斷了他們任何一次珍貴的學習機會！

激勵方法26

與孩子的內心對話（一）——他們其實都懂

> 老師，功課我明天絕對會交完全的，您放1000000個心去讀書吧！老師您讀書要加油！

這幾天在整理電腦裡的照片，看到不少這班孩子們寫的短文，又讓我重新溫習了當初拍下這些短文的感動。

一天到晚惹老師抓狂、每五分鐘就要制止他一次的小瑞，有一天突然在他的聯絡簿裡，出現了這樣的短文，那是每週我都要北上去進修博士班課程的前一天：

老師，功課我明天絕對會交完全的，您放1000000個心去讀書吧！老師您讀書要加油！

雖然字體非常潦草，但是看到這麼豪邁的保證，我笑了！

事實上，這不是第一次小瑞讓我感到「足感心」（台語）了。有一回翻開他的聯絡簿，他真的很用心的反省，請我要息怒，並且還做了「好」和「不好」兩個選項讓我選。

我昨天因為功課沒完全寫完，還讓老師大發雷霆的對我們碎碎唸。我們不應該這樣的，下次不會了。

老師，我在反省了，請息怒。（「好」和「不好」，請圈一個）

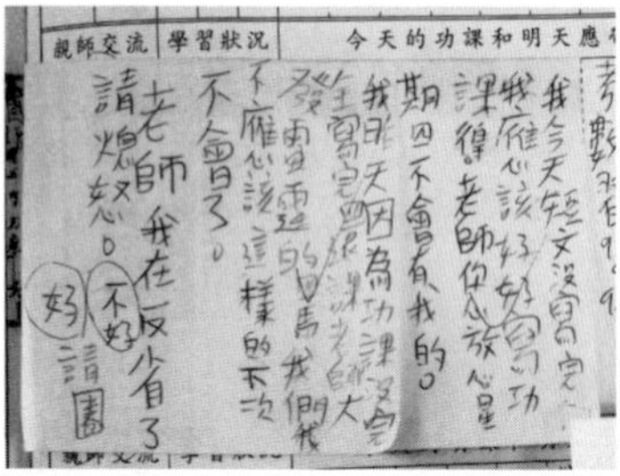

像小瑞這樣的孩子，很多人只看到許多他外在讓人煩心的行為，所以很多同學不明白我為什麼對小瑞有極大的包容，他們甚至開始吃起醋來。但**事實上，我感受到小瑞的內心有極佳的反省能力，只是他的生活習慣尚未養成。只要那願意面對自我的反省力持續啟動著，我相信，轉變，也就在起心動念之間了！**

另一篇短文是阿仁寫的，總是缺交作業，且不肯誠實面對過錯的不良習慣，讓我和他對立了足足將近一個學期。

學期末的他，開始逐漸能交齊每天的功課，在聯絡裡的他是這麼說的：

老ㄙㄨ，我說話沒有算話，我說我會改進，結果我沒有，所以我今天才會被你唸。我也很對不起你，我騙了你，所以不應該。老ㄙㄨ，我的話你不能信了……

「老ㄙㄨ，我的話不能信！」會說出這樣的話的孩子，真教人心疼。

他一定是長時間以來，都沒有人好好教他正確的讀書態度，於是他連自己的話都沒有辦法相信！難怪，他的臉上常有種說不出的鬱鬱寡歡；閃爍眼神的背後，應該也有許多令人不捨的故事存在。

其實，孩子們的內心都懂，也知道什麼是對的、錯的，什麼是不該做的事。**孩子能不能被喚醒、願不願意轉變，端看大人們有沒有創造更多機會，讓這些自我對話的影響力持續發揮**。

也有很多家長不明白：為什麼我花那麼多心思在這些孩子身上，我想，這是因為這些孩子讓我看到許多的可能，一種願意與內心對話的可能性。

激勵方法 27 不厭其煩地提醒、鼓勵孩子

我問小瑞：「從開學到現在，你覺得自己有沒有進步呢？」

「有哇！」

我又繼續追問：「是哪方面進步啊？」

「國語方面吧，現在有比較認真寫了，而且考試都有準備。」小瑞回答我。

一早來，小瑞就拿著奇怪的道具，一直在我面前晃呀晃的。

「老師，我這個茶壺可以泡茶喔！」喔，原來這是他從家裡帶來的泡茶工具。小

瑞的爺爺是茶農，對泡茶這件事，他可說是十分的拿手。

小瑞繼續說：「老師你要不要喝茶？我可以泡給你喝喔！」

我稍微推辭了一下，畢竟這是他帶來的心愛茶葉，還是孩子自己享用就好了。

後來我人在講台前面忙，聽到小瑞和同學的呼喚，我一轉身，就看到我的小熊杯杯裡，已經泡好了一杯熱騰騰的老人茶！如果是別的孩子為我泡了這麼一杯茶，我還不會太驚訝；但是這杯茶是出自於小瑞的手，就讓我十分的感動又開心！

小瑞在別的老師眼裡，應該算是個很有狀況的孩子。因為他話多、情緒易激動、常跟同學起爭執、作業缺交又亂寫、字跡潦草、常冒出一些不得體的話……我總是得每三分鐘就要提醒他一次，每五分鐘就要「嚴肅的」提醒他一次。

但我明白，**小瑞其實是個單純、沒心機的孩子。很多行為是因為他不懂，或是沒有人再多盯他一下；如果再多提醒他、鼓勵他，他會滿心歡喜的表現得愈來愈好。**

前幾天，他作業訂正了好多次，讓我忍不住對他碎碎唸。沒想到小瑞竟然發出撒嬌的聲音，而且到最後，還學小貓對我「喵喵」叫了幾聲。我快笑翻了，我說：「你是在對我撒嬌嗎？實在令人太不舒服了，撒嬌這件事一點都不適合你……」

後來上體育課時，我特地和他走在一起。我問小瑞：「從開學到現在，你覺得自己有沒有進步呢？」

「有哇！」

我又繼續追問：「是哪方面進步啊？」

「國語方面吧，現在有比較認真寫了，而且考試都有準備。」小瑞回答我。

我又偷笑著問他：「那……你很喜歡我，是嗎？」

只見小瑞不自在的笑了一下，含糊的回了我一句「對啦！」就一溜煙的逃開了。

這樣的孩子，真的好可愛；尤其是他的進步，更讓我對他有更大的包容。

說真的，這樣的孩子需要的只是一份安全感，以及需要有人不斷隨時提醒他「什麼是正確的行為」罷了！

「老師，請喝茶！」眼前的小瑞端著熱騰騰的高山茶，這麼說著。

「好，謝謝！」我笑著接過手上這杯高山茶。正值寒流來襲，寒冷的北風讓教室裡都冷颼颼的，但我的視線顯得有些迷濛，心裡頭全都是暖暖的茶香味。

激勵方法28

輔導管教該有的態度

我相信，老師該有某種程度的威信感。老師缺乏了這種威信，學生容易看輕老師；反過來，老師有了這種威信感，學生才會信服老師的行事處理，也才會明白自己所做的事是錯的。

最近對於學生輔導管教，有很深的感觸。

這幾天開始幫忙處理一件別班的師生問題，全班學生對該班老師的反彈情緒已十分嚴重。沒想到那班的一位女生，竟然對我們班上學生放話：「你們老師很機車耶，管到這邊來？自己的班級管好就好，還管到別班來？」一副撂狠話、目中無人的樣子。

於是我把這位女生找來，我看著她，不發一語，最後我說：「聽說你說我很機車？你自己想想看，你這樣說話對嗎？」

我想她大概有看到我眼中的氣勢，因為不到一分鐘她就哭了出來。

我看著流淚的她，內心有些同情的說：「看到你流淚，我想你的心裡還有點是非判斷，不要讓你平時的反射性反抗，讓你喪失了正確的價值判斷。講這些內容，真的很不妥。」

我接著說：「你知道我為什麼會想要介入你們班嗎？那是因為我覺得五年級時你們班好單純、好可愛，可是你們六年級怎麼會變成這樣？其實我看了有點難過，我很想要幫你們班忙。」

這個女生的眼神中，有種欲言又止的神情。我不想找她麻煩，所以我吞回許多的碎碎唸，讓她先回去。其實我只想讓她知道：她不該讓情緒淹沒了她既有的價值判斷。

我相信，老師該有某種程度的威信感。

這種威信感並非來自於老師時常暴跳如雷的鬼叫，而是有種「不怒而威」的威嚴。老師缺乏了這種威信，學生容易看輕老師；反過來，老師有了這種威信感，學生才會信服老師的行事處理，也才會明白自己所做的事是錯的，明白他們踰越了那條「尊師重道」的界線。

但是，老師也要試著去當孩子們「喜歡」的老師。

學生有很多的反抗、不滿，都是來自學生不喜歡某種形象的老師。

我們都曾經當過很久的學生，什麼樣的老師我們都曾經遇到過。所以，什麼樣的老師最受學生喜愛，我們都知道；什麼樣的老師讓我們很反感，其實我們心裡也清楚。

此外，**訓誡過程中的讚美、鼓勵，與事後的「摸頭（台語）」、「呼呼」，更是重要！**

訓誡過程中的讚美與鼓勵，是讓他們明白：老師並非全然的找他麻煩，他還是原本老師心中那可愛的模樣，老師只是對事不對人。

而事後的「呼呼」，更是撫慰孩子內心傷口很重要的一個環節。也許在老師盛怒過程中，讓孩子內心受傷了，或是他心中正有一股反抗的怒氣產生；但是老師的這個

「愛的呼呼」，會讓孩子知道老師是溫暖的，老師是關心孩子的，而在老師和孩子的心中產生一個心靈的連結。

輔導的原理與方法，有千千百百種，但最後都還是得回到原點——師生之間親密與信任的關係。

我相信，每個孩子的心中都渴望變得更好，也渴望有個正向的形象作為他們學習的典範。他們正迫切需要有個向上的力量，指引著他們向前大步邁進！

大多數老師的所作所為，都是為了孩子好，但請別忘了在忙碌之餘，給孩子一個「愛的呼呼」。記得在彼此之間，設下一個心靈的連結。

激勵方法 29

與孩子的內心對話（二）——變成很好的人

怎麼會有孩子在沒有老師的吩咐下，仍在寒假期間自動自發的到教室來餵餵小魚、澆澆盆栽呢？這樣默默做著大善行的孩子，才是品德中最尊貴的部分。

1

開學那天，我就發現教室門口的那排盆栽，歷經一個寒假，竟然還茂盛的生長著。

其實自從放寒假以來，我心裡一直惦記著這件事，還好盆栽都沒事。那時我還閃過一個念頭：應該不會有孩子會在寒假期間自發性的回來澆水吧？

沒想到我在開學第二天，在孩子阿沈的聯絡簿上發現這篇短文。

老ㄙㄨ，您有沒有發現，書桌旁的小魚活得很好？

在寒假裡，每當我無聊時，就來餵餵魚，順便看一下校園，好像就回到上課的日子裡。

所以我還是覺得開學真好，不然每天又要睡得像豬一樣了！

我驚訝極了，轉身看看我桌旁的小魚缸。的確！裡頭的小魚快樂的游個不停，絲毫沒有因為主人的怠忽，而失去了寶貴的性命。

怎麼會有孩子在沒有老師的吩咐下，仍在寒假期間自動自發的到教室來餵餵小魚、澆澆盆栽呢？這樣默默做著大善行的孩子，才是品德中最尊貴的部分。於是，我在她的短文下寫上「可唸」兩字，並且讓她上台對著全班唸這篇的短文。

我相信當老師的人，應該擔任孩子的「放大鏡」——把最細微的事項挑出來、放大出來給其他孩子看，那麼我們的孩子就可以更深層的體會到人性美好的那一面！

於是隔天，也有其他孩子寫著這件事；另外，也有別的孩子記錄著阿沈另外一件善行。

今天早上我看到阿沈在整理晾在外面的抹布，她真的是在為班上付出愛心的人，班級裡有這種人真是一種福氣！

我也應該要向她學習，為班上付出愛心，讓教室的每一個角落都是乾淨、漂亮的，讓每一位家長、老師經過我們教室，都覺得我們是好孩子。

我回想起我剛看到的五年級阿沈，現在和之前比起來，有截然不同的蛻變。

現在的她，隨時都做關心別人的善行，班上同學覺得辛苦、不想做的事，她都默默的接過去做。每天呢，她也會刻意的留晚一點，只為了等在校門口跟老師說「再見」。甚至當老師需要有人「犧牲」去跟男生坐、需要有人「犧牲」在畢業旅行時坐到別班的餐桌，她也義無反顧的舉手要自願。

我想，那**蛻變的關鍵在於：終於願意放下長久以來心裡的那份固執與自我，而單純想著什麼是對的事，並且享受在做善行卻不求回報的快樂中**。

那一天，放學時她又多等了我一會兒，跟著我一起下樓。我轉身對著她說：「阿沈，老師想跟你說一件事。也許你都沒有發現，但是，現在的你，真的、真的變成了一個『很好的人』了！老師要恭喜你，也以你為榮。」

我以認真的表情說著，每一個字，都是發自我內心最真誠的讚美。

2

開學前返校日的前一天，我還在和滿教室的雜物對抗。天啊，為什麼我的東西整個滿出來了？我像日劇《交響情人夢》裡的野田妹，漫遊在教室的雜物河流中。咦？我的新學生們來時要坐哪兒呢？

還好，剛畢業班級的天使們突然現身，幫我開始整理起教室。雖然我不知道該如何請他們幫忙，但是那份心意已足以讓我痛哭流涕！

阿沈也是其中一員天使，聽說整個暑假她已經來學校好多天了，不過一直都沒有遇到我。來的次數之多，多到連隔壁班老師都認識她，還請她去幫忙整理別間教室。聽說她心疼的對著隔壁班老師碎碎唸：「厚，我們老師喔，搬教室都不找我們，自己在那裡忙到天黑。」

於是看到她來，我對她笑了一下，要謝謝她這麼心疼的幫老師說話。

隔天返校日，我特地留下一位表現上有點狀況的孩子，想和他聊聊天。我希望透過我們見面的第一天對話，可以為我們師生之間開啟一道溝通大門；也希望我的善意，能釋放掉他的不滿情緒，用最好的表現來成長他自己。

阿沈剛好也在場，她蒙著頭偷聽我們的對話。我心裡也覺得好笑，她大概覺得老ㄙㄨ在故技重施吧？

等到這位孩子離開後，我才驚覺的發現，原來阿沈不是在偷笑，而是淚流不止的擦淚。我驚訝的問阿沈：「你……你……為什麼哭啊？」追問了好久，阿沈才吐出一句：「因為……我回想到我們剛見面的時候……」

阿沈邊哭邊逃走，所以我好奇的請她用寫的。我回家後，發現在班級部落格裡出現了這麼一篇文章。

為什麼哭的理由

不曉得大家是否還記得老ㄙㄨ和大元？

今天（8/28）是大元的全校返校日，我和小傑、林大師、潘潘不約而同的一起去大元，看看老ㄙㄨ教新班級有什麼事情可以幫忙的。

一看見老ㄙㄨ和學弟妹們，不禁讓我想起以前我們剛見面的時候。我想起我們五、六年級的點點滴滴，這些回憶，有開心、有難過，也有生氣，就這樣從我的眼前快速的播放，這兩年在大元的生活就好像一場夢，夢醒了，好像什麼事也沒發生過。

看見學弟妹們，我突然發現：活力黑皮班的時代已經過去了，現在是學弟妹們自己創造自己的時代了。

看著老ㄙㄨ放在櫃子裡我們那一屆的畢業紀念冊，就想起我們畢冊所有拍的照片，裡頭有好多我們天真可愛又無邪的笑容。我沒有想過會看見老ㄙㄨ教下一屆的學弟妹，這麼一想，鼻子為之一酸，我的淚水又忍不住的流了下來。

現在，我們再說些什麼也沒有用了，畢竟美好的時光是不可能再重來一次！不如我們祝福學弟妹們，這樣不是更好嗎？

我發現，其實被老ㄙㄨ碎碎唸也是一種福氣，以前都嫌老ㄙㄨ愛嘮叨，其實老ㄙㄨ很關心我們的。

之前我們沒把握美好時光，現在我們應該反過來勸學弟妹們把握時光，而不是和學弟妹們吃醋。因為時間不會為了我們想回到過去而倒帶。現在，大家應該都知道，為什麼學長姐很愛吃我們的醋吧？

今天看見每一位學弟妹們，真的很想衝上講台好好的罵一頓學弟妹們，因為老ㄙㄨ在講台上，卻有人沒有在聽老ㄙㄨ講話。我在下面，比學弟妹們聽得還仔細咧！而且他們聊天的音量比老ㄙㄨ還大聲。

如果這種狀況還一直持續到開學，我想……「靜心週」和「哼哼魔王」很快就要出現了吧？哈哈哈，所以應該也要讓學弟妹們知道，老ㄙㄨ不只搞笑功力很強，生氣的爆發力也很強！

（自言自語：其實仔細的想一想，老ㄙㄨ生氣破功時的表情還真好笑！）

這兩年來的阿沈，真的蛻變了很多。想起我剛教她的時候，我們之間還發生了不少大事，這也是她為什麼說很害怕我的碎碎唸大功的原因。

不過阿沈，你真的變成很好的人了！雖然畢業了，你可要一直保有現在對人的熱情，與澄明透澈的心境，因為，那將會是你不斷躍升、向上的最佳動力。

激勵方法 30

釐清學習的目的

現在不管是什麼東西，我都要把它學好。然後要像老ㄙㄨ一樣，成為一位出色的人！

最近開始在中午時，邀請班上值日生一起來和我用餐。

剛好輪到女生們，這一班的女生個個害羞又內向，坐在桌前總是安安靜靜，又火速三分鐘內嗑完飯，完全跟她們上一屆活力四射的學長姐不一樣。害得我得自己裝high、不斷找話題跟她們聊。可是，我的內心在不斷的大叫：「我不是怪伯伯啊、我是好人啊！你們……你們以後就知道了……（嘆氣）」

這是題外話（再嘆氣一次）。我要說的是，這天剛好是孩子小筑坐在我面前，她等著我說話，我只好起了個話題，我問：「最近在功課方面還好嗎？」

小筑點點頭。小筑是個很熱心、很盡責、老師說的話都會努力達成的好孩子；可是總感覺她的文化刺激不太夠，上課總是安安靜靜的沒有太大反應，在課業方面也有些落後。

我接著說：「我覺得你是一個很認真的學生喔，我看你在聯絡簿上很認真的寫短文，也對自己的功課很在意。你是不是很想把書讀好呢？」小筑回答：「對呀！」

「那之前三、四年級呢？」我問。小筑回答說：「沒有很認真！」

這個回答讓我覺得很有趣，所以我後來又繼續跟她聊了好久。

但是我的確有感受到小筑在課業上有她的企圖心，我是怎麼感受到的呢？因為從一開學，小筑就用她那很少字的短文，不經意的描述著她的內心世界：

老師，您好！我很高興可以被老師教到，老師人非常好，功課也出得很少。老師，謝謝您！我一定會好好的做您的學生！

給老ㄙㄨ的信：老師，我的數學考不好，但是我會好好上課，努力跟上其他人的。老師，謝謝您，這麼用心的教導我們！

給老ㄙㄨ的信：老ㄙㄨ，謝謝您每天都這麼努力的教我們讀書，雖然我的功課不是很好，可是我會好好努力讀書，把功課跟上大家，然後變成一位功課好的學生！

如果你問我：為什麼小筑會突然想用功讀書、是什麼觸動了她的心呢？我想，大概是我平常在上課時的碎碎唸奏效吧！

我先讓他們放下對學習的不好印象，讓他們覺得在這裡學習是愉快的、是安全的；同時也藉由小細節的調整，培養他們嚴謹的學習態度；更重要的，我希望給予他們一種向上的力量，不斷的釐清：學習是為了誰？誰該為自己的學習負責？

反省：今天早上考了我應該要考一百分的數學，我因為粗心大意，才把一部分的分數

都扣光。那時我看到我的分數時，我一直在罵我自己是笨蛋、眼睛有問題！如果我可以仔細一點就好了。下次，我一定要看清楚，考個好分數。

和小筑聊完天，隔了幾天，又看到這篇慷慨激昂的反省短文。

反省：讀了五年級之後，我非常後悔以前為什麼不把數學學好……以前上課都沒有在聽老師上課，但現在我才知道，之前不學好，現在就吃虧……

所以，現在不管是什麼東西，我都要把它學好。然後要像老ㄙㄨ一樣，成為一位出色的人！

那內在一直想要努力變成更好的心意，一直讓我好感動。那是一種認認真真的覺醒，以及真真實實面對自己的勇氣！

小筑，雖然現在才開始要認真讀書，其實一點都不嫌晚！只要能一直保有這樣的決心。只要一直保有每天都比前一天還要進步的速度，你絕對是未來最出色的那一位！

激勵方法 31

確實把關孩子的作業

我採取緊迫盯人的方式。一有缺交，就把他抓來唸一頓；並且要他立即補完功課，絕沒有妥協的餘地。

改到孩子阿仁的聯絡簿短文，我忍不住哈哈大笑。因為阿仁說：「老師，你好強喔！你可以把功課沒交查得水落石出呢！老師真是出神入化，厲害再厲害呢。」

阿仁是個來自弱勢家庭的孩子，剛開學的他，作業總是東缺西缺、狀況一大堆。但是我知道，阿仁其實是一個很尊敬老師的孩子。面對老師時總是很有禮貌，態度也很受教；尤其擔任體育股長時，十分負責任而稱職。我實在不想因為作業缺交的問題，而傷害了我和他之間的師生關係。

於是我採取緊迫盯人的方式。一有缺交，就把他抓來唸一頓；並且要他立即補完功課，絕沒有妥協的餘地。

所以，大家知道為什麼我看到「出神入化」這四個字會哈哈大笑的原因了吧？

我把阿仁找來，忍不住偷笑著問他：「你真的覺得我作業查得很仔細喔？」阿仁點點頭。

我又繼續追問：「難不成你以前的老師，都查不到你沒有交作業？」結果我得到了一個「對呀」的答案。

照理說這樣的孩子，應該是常態性的沒交作業，但老師查不到他沒有交作業，那就很有趣了。

最近有老師問我：「學生總是會在排隊時東躲西躲的，很令人傷腦筋呢！而且只要我稍不留意，他們就會故意去做一些事情。」

我說：「其實學生會這樣，都是因為老師讓他們覺得有機可乘，有摸魚的機會。所以應該要反過來檢視自己，是不是在細節上沒有做好把關的動作？」

如果孩子們知道老師是認真的，而且沒有任何摸魚的機會，自然而然的就會放棄耍小聰明，乖乖的把自己的本分做好。老師要做到的不是惡狠狠的問孩子：「為什麼要騙老師？」而是要在事前，就該態度溫和，但執行嚴謹的做好滴水不漏的防範。

見微知著，很多事情在發生前，都有跡可尋。一位有經驗的老師，應該要注意到這些細節。連我這麼健忘的老師，都能做到讓孩子覺得「出神入化」了，相信細心的您一定也可以做得到！

激勵方法32 學數學，也學助人

我覺得我跟以前比起來，我有進步，我比較會幫助同學。因為每一次上數學課時，老師都會要我們起來幫忙不會算的同學。而這樣幫忙久了之後，就會習慣了，而且還能增加同學之間的感情。

上數學課時，我走下講台回我桌上拿課本，一轉身過來，我不禁噗哧笑了出來。前方這麼多人圍在一起，究竟是在做什麼啊？

我走近一看，原來，他們是在幫同學解答數題。

剛才我在黑板上佈題了一題數學練習題，請他們在小白板上練習，並且提醒他們：「如果你完成，並且答對的人，要去幫助還沒有通過的人喔！」

此話一出，一些早就通過的孩子們，紛紛衝向尚未解答出數題的同學們。這兩位女孩子，旁邊大概擠了超過十幾位熱心助人的同學，場面實在有夠壯觀！

我一直很期許他們：當他們自身擁有足夠的能力時，應該對身邊有困難、弱勢的人伸出援手，所以我創造了生活中無數的經驗，來對他們進行機會教育。例如在這節數學課中，我鼓勵他們在學習數學的同時，也學習幫助他人的道理。

今天早上，我翻開孩子小霖的聯絡簿，他這麼說：

> 今天上數學課時，因為老師要我們練習小數的乘法，於是就出了幾題給我們練習、練習。第一題我是最快拿起小白板的人，也是最快答對的人。後來我左看看、右看看，結果看到肉圓他不會算，我就好心的去幫助他，結果一教就對了。想必我數學解說能力也是不錯的。結果第二題，他又錯了，於是我又去教他。結果又對了。這樣的劇情我覺得是非常好笑的！

這是在我們班上再平常不過的善行了。不過有趣的是，再翻開肉圓的聯絡簿，他說：

> 今天小霖在數學課時教我數學，他不但把我教學會後才離開，一直到最後一題，也是因為有他的幫忙我才會的。所以我要謝謝他！

原來這兩個孩子，說的是同一件事情。

不過這兩件不起眼的小事，拼湊在一起，卻變成了一個溫馨而感人的故事。於是我讓他們分別上台唸他們的短文給全班聽，並且各頒給他們小獎卡。讓全班也一起來分享這種助人最樂的溫暖感動。

這讓我想起，班上成績最好，但也相當不善於對人表達內心情感的孩子，在開學時的「我的成長紀錄」學習單中這麼說：

> 我覺得我跟以前比起來，我有進步，我比較會幫助同學。因為每一次上數學課時，老師都會要我們起來幫忙不會算的同學。而這樣幫忙久了之後，就會習慣了，而且還能增加同學之間的感情……

這就是我們要教給孩子最重要的部分。成績好不好倒是其次，最重要的，是他們能不能適時的看到別人需要協助，並且真誠的對他人伸出溫暖的雙手。我想，擁有這樣高尚品德的孩子，才是最值得我們引以為傲的孩子！

所以，當整個班級都呈現熱情幫助他人的態度時，這也表示整個班級開始凝聚向心力了；而當我們凝聚了向心力，就會開始發生更多彼此關懷、彼此分享的感人故事，而那也是我們一直想營造出來的班級氣氛。

激勵方法33

善用遊戲，學習加倍（三）——小瓜呆製造工廠

一場難得的遊戲，除了帶來無盡的歡笑，更讓孩子們了解到準備戲劇課的角色造型真的比想像中容易多了！

班上的戲劇課結束後，輪到我上台講評，我說：「其實要準備角色的造型真的不難，例如：你可以貼個鬍子，就很像老公公了；頭髮抓起來綁成沖天炮，就像小孩子。」

我順手要將身邊的小帥哥拉出來做示範，但害羞的他東躲西躲的，完全不讓我有抓成一束頭髮的機會。哎呀呀，小帥哥你這麼害羞，以後要怎麼成為萬人迷呢？

於是我對著班上的孩子說：「待會兒有時間的話，我們來玩遊戲吧。」孩子們熱情的歡呼著，殊不知這正是他們噩夢的開始。

我從辦公室借來一大包橡皮筋，但是我先把它藏起來，對著興高采烈的全班說：「我們現在要玩一個爆笑的遊戲。」

「爆笑的遊戲？」孩子們一聽到這幾個字，就開始「咯咯咯」的亂笑著。喂，你們先克制一點好不好，我都還沒開始玩呢！

我說：「這是考驗你們小組默契的時候了！待會兒我們要比賽哪一組的數量最多，那一組就可以加最高的分數。」我順手將整包橡皮筋倒在桌上，「比什麼呢？就

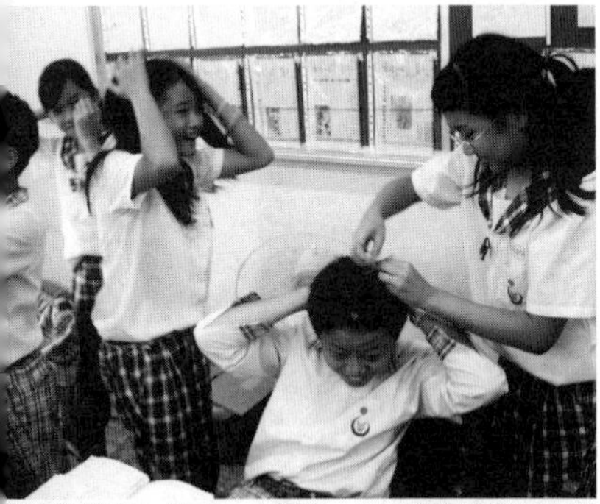

是比哪一組頭上的『ㄐㄧㄡˊ ㄐㄧㄡˋ』最多，哪一組就獲勝！」

大家可以想像一下，吳宇森的「變臉」戲碼，在那瞬間被詮釋得多麼完美無瑕啊！在全班尖叫聲不斷中，我們馬上開始了遊戲，完全不讓任何人有上訴的機會。

這個遊戲怎麼玩？我們是依照三種項目來評分，第一項是評小組完成度，每個人頭上都綁滿三個「ㄐㄧㄡˊ ㄐㄧㄡˋ」，那一組就可以加二十分。第二個項目是個人最多「ㄐㄧㄡˊ ㄐㄧㄡˋ」者，可為該組加十分。第三個項目則是小組內男生的「ㄐㄧㄡˊ ㄐㄧㄡˋ」加起來計算，每個「ㄐㄧㄡˊ ㄐㄧㄡˋ」可以加兩分。

重賞之下必有勇夫！不管是自己自願，還是被女生「強而有力的抱住」，最後這些男生的頭頂上，無不開出燦爛的花苞，每個人都成為超爆笑的小瓜呆造型。

看到班上的美男子，個個成為靈氣逼人的小瓜呆時，讓我們整整笑了一節課；最後各組頭頂開出最多「ㄐㄧㄡˊ ㄐㄧㄡˋ」的男生出來走秀時，全班更是笑到瘋狂的拍著桌子。而我，則是笑到不能自已；連拍出來的照片，都抖動得極富笑感。

但我萬萬沒想到，事後這些小瓜呆竟然開始爭奇鬥豔的搶鏡頭，還互相較勁比誰的小瓜呆造型最美呢！

看起來，以後要演「綁沖天炮的小孩子」時，大家應該會更順手了吧？

激勵方法34

師生之間的祕密（一）

老ㄙㄨ，您今天說的話，我會聽進去。「低調、氣質、改變！」希望未來的我，會很有出息。您的生日禮物，將是我的「改變」！

班上一位孩子因為貪玩犯了錯，一時間關於他的謠言，在整學年各班中瘋狂流竄。不到兩天時間，誇張的傳言就從別班傳進我的耳裡，於是我把這個孩子找來，當我說出我聽到什麼傳聞時，他才知道事情有多嚴重。

他神情慌張的說：「我怕我的父母知道，他們會很生氣，因為會覺得很丟臉！」他又補了一句：「反正你一定會跟我父母說的……」

「這件事情分成兩個層面來說：一個是我要不要說；一個是我要說什麼。」我接著繼續說：「老師會去評估你的狀況及態度，來決定到底需不需要跟你父母說。假設我覺得跟你父母說才是對你有幫助的，那老師還要想想該怎麼說：是該幫你求情說好話？還是讓你教訓學深一點……」

我看著他，心疼的說：「其實我在乎的，是你有沒有得到教訓，並且深切的反省。如果你因此而改變了、變好了，那老師有沒有說，倒不是那麼重要。」

我知道這件事的起因，不過就是因為「好玩」兩個字。**事情既然發生了，孩子從這件事中學到什麼，反而是比較重要的。**

孩子瞪大了眼看著我，他的臉上透露著不可思議的表情。以前大概沒有老師和他說過這樣的話吧！

接下來我跟他溝通：「嘴巴長在別人臉上，我們無法制止流言的傳播，我們只能低調，削弱這件事情的影響。」我教了他一些怎麼去減弱流言影響的方法，同時**也給了他一個「老師希望他轉變成什麼樣」的理想形象。**

我們整整聊了一節課，這過程中他不斷深深的點著頭，彷彿也在對自己承諾什麼。

隔天，在他的聯絡簿裡，發現了這篇短文。

今天最快樂的事，就是老ㄙㄨ跟我談很多，很謝謝老ㄙㄨ。聽別班同學說，他們老師就只會跟爸媽告狀。但他們自己卻沒想過，老師是為他們好。今天我們做錯了，就要自己承認，不要等到老師來罵，然後才在背後說老師壞話。

我知道是我當初沒想太多，才會發生這種事。我不怕老師說，因為是我闖出來的禍，希望大家不要像我一樣。我知道老師是為我們好。老ㄙㄨ，謝謝！您就像我們的爸媽！

另一篇短文則是寫著：

老ㄙㄨ，您今天說的話，我會聽進去。「低調、氣質、改變！」希望未來的我，會很有出息。從現在起，我想努力讀書，不會再去想那些了。下課時如果我忍不住跑出去，請您把我叫住，就當是「禁足」吧！謝謝！

您的生日禮物，將是我的「改變」！

孩子總是要犯錯後、得到教訓了，才真正明白父母、老師們苦口婆心的道理。唯有教訓換來的寶貴經驗，才會有真真實實的覺醒。經過這件事之後，我深刻感受到他隨即修正了自己的態度，在行為舉止上也更懂得分寸。

有的家長總是會狂問我「孩子在學校裡有沒有很壞」，其實家長們可以放一百個心。當他們擁有反省與修正的心，當他們擁有自律與自敬的品德時，一切偏差行為都將不是問題。

這件事，將成為我和孩子之間的祕密；而這樣的祕密，則在我們彼此間啟動了心靈接觸的片刻，也瞬間開啟了我們之間信任的大門。

激勵方法 35

當孩子的放大鏡

小瑞才讀了幾頁，就跑來跟我說：「老師，這本書真的很好看喔！」

小瑞對很多事都顯得不太感興趣，甚至很多時候他都顯得注意力不太集中，這麼專注的看著一本書我還是第一次見到。

走上講台上課前，看到不少孩子正專注的閱讀著課外讀物。這是個好現象，很替他們感到高興，不過當老師的總還是忍不住又嘮嘮叨叨了起來。

我順手拿出一本孩子正在看的科學漫畫書，說：「老師很高興你們正感受到閱讀的樂趣，但是閱讀的內容要多注意，老師希望你們培養起『能看很多文字』的閱讀習慣，而不是只看圖案很多的漫畫書。」

我一轉身，從書櫃中抽出《湯姆歷險記》這本書，說：「像你們都看過卡通《湯姆歷險記》吧？但你們知道這本原著有多好看嗎？小時候的我，總是一遍又一遍的看著這本書，從小到大我至少看過七、八遍以上。這裡頭冒險的情節超級好看，卡通的劇情根本比不上文字描述的精采。」

全班都好奇的盯著我手上的這本《湯姆歷險記》，才下課，書櫃上的兩本《湯姆歷險記》就被搶光了。

我訝異的是，搶到書的人是不愛閱讀的小瑞。

更令我驚訝的是，他才讀了幾頁，就跑來跟我說：「老師，這本書真的很好看喔！」

小瑞對很多事都顯得不太感興趣，甚至很多時候他都顯得注意力不太集中，這麼專注的看著一本書我還是第一次見到。

更瘋狂的是，他在下課時間看，上課也看；連我在考國語語詞小考，只要有空閒時間，他就開始翻開書專心的閱讀著。

我說：「喂喂喂，你會不會太認真了啊？連考試都在看課外書？」

只見他偷笑著回了我一句：「我剛剛在上電腦課時也在偷看書喔。」可惡，這個小鬼。

於是我趁著他在前頭專心閱讀的時候，躡手躡腳的溜到他身後，偷偷的拍下他這副認真的神情。

企鵝網友問：「老師推薦的書，學生真的會搶成一團嗎？」

其實這得看老師如何去引導孩子。有時候，**老師就像是孩子的放大鏡，幫他們把事物聚焦、放大，於是很多他們原先不感興趣的，或是看似毫無意義的東西，就會深刻而有意義了起來！**

藉由老師將細微小事抽離、放大，孩子們將可以清楚看到這世界最美好的事物，也能感受到那細微處最有價值的部分。

激勵方法 36
小技巧，讓孩子愛閱讀

坐在台下的肉圓，滔滔不絕的幫我站台：「這本書超好看的，是在說……故事很刺激呢！」他的臉上滿是成就感，大概是因為他也成為了老師口中的「能看很多字、沒半點圖的書」的學生。

我神祕兮兮、眼神發亮的對著班上孩

子們說：「跟你們說喔，我在家裡，發現了幾本超級好看的書，不過數量有限，只能先搶先贏。有誰要先看呢？」

話才剛說完，瞬間一大堆孩子高舉右手，直喊著「選我、選我、選我！」速度之快，我還以為我眼花了。

我只好把其中一本先借給「看起來不先拿給他、他就快哭出來」的孩子；又把另一本先借給「很少在看書、但這次竟然手舉得高高」的孩子。沒先借到書的孩子，無不臉上一陣落寞神情；教室的每個角落裡，傳來陣陣的嘆息聲。

呃……你們會不會配合度太高了點？效果做太多了喔？

上課鐘響，我要走上講台前，發現肉圓正努力的啃食著一本厚厚的書。眼神之專注，彷彿正在觀看著他心愛的早餐一般。

我拍拍他的肩膀，告訴他：「嗯，這是一本好書喔！」

我把這本書拿起來，跟全班分享這本書的內容。

坐在台下的肉圓，也滔滔不絕的幫我站台：「這本書超好看的，是在說……故事很刺激呢！」他的臉上滿是成就感，大概是因為他也成為了老師口中的「能看很多字、沒半點圖的書」的學生。

我依稀記得在剛開學時，要這班孩子利用空閒時間看點課外書，感覺上像會要了他們的老命似的。

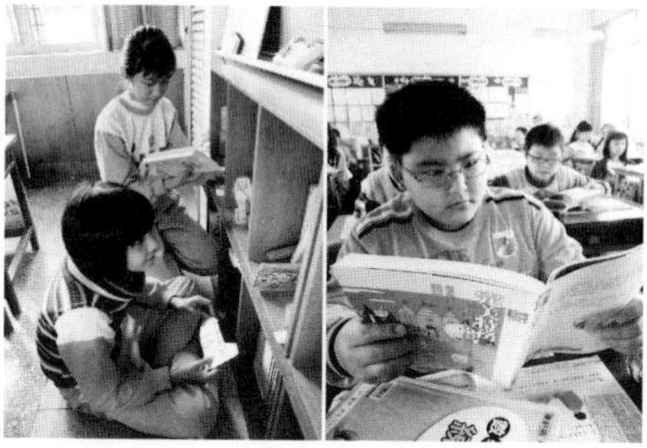

下課時，又有幾個孩子蹲在書架旁，拿著閱讀書插，正精挑細選的選著自己想看的好書。我趕緊拿出我的隨身相機，「喀嚓」一聲拍下他們專注的神情。這兩個孩子不好意思的笑了，喊著：「厚，老師你偷拍……」

但這畫面好美，「愛上閱讀」真是一件很幸福的事！

就像我之前分享過的一篇文章，老師要當孩子的放大鏡，帶領著他們去觀看生活美好的事物，孩子們就會發現原來我們的生活處處充滿驚喜，在老師的放大下，他們就會真真實實的感受到這其中的美好與樂趣。

就像，他們開始「愛上閱讀」這件事一樣。

激勵方法 37

喚醒孩子的自學力

從國一下學期開始我就下定決心，要朝著台中女中這個夢想前進。我一次又比一次更加努力；到了國三，在A加班的壓力下，不小心考到了全校第一名。我發現，我已經在不知不覺中，成為了所謂「頂尖的學生」。認真的態度，就是如此。這就是我國中三年來，最有收穫的一件事。

去年收到一封國三畢業學生的來信，信中提到她接受了媒體的採訪，所以我隨手搜尋了一下Google大師，沒想到竟然有一大堆新聞跳出來。

原民生從未補習愛發問

台中縣大里市光榮國中學生李雨薇，這次國中基測原始分數達二百九十三分、數學跟英文都滿分，加上原住民加分百分之三十五，總分高達三百九十五點五分，她將選擇念台中女中。李雨薇從國小就開始拿獎學金，且國中三年從未補習，她讀書訣竅是：「專心，不懂就要立刻問。」

李雨薇的父母親分別是排灣族、布農族，從事樂師及塑膠工廠作業員，家庭收入不高，她說：「我曾想過要幫家裡賺錢，但父親要我好好念書。」讀書之餘，李雨薇還會幫忙做家事及照顧讀國一的弟弟。

李雨薇會藉由看電影，來訓練英文聽力及會話。擁有原住民運動、音樂天賦的她，喜歡打網球、棒球，也熱愛唱歌，長大後則想要當律師。對未來，李雨薇充滿自信地說：「我會朝向成為原住民之光而努力！」

另幾則新聞則是斗大的標題寫著「原住民加分變**395.5**，有望成為全國最高」。新聞媒體總是錦上添花，有賣點的才報導。但是這些新聞報導，卻比不上雨薇自己所寫的信件內容，那麼的動人、那麼的激勵人心。她信裡寫著：

老師，好久不見了，我是雨薇。

基測成績出來了，我很高興，是穩上台中女中的分數。其實，這也不是我最理想的分數，將題目看得更仔細點便會發現：自己應該是可以拿滿分的，真的很可惜。

不過人生總是不會這麼美好啦！

滿分這種東西，就算得不到，其實也不用難過，因為本來就不容易，老爸是這麼跟我說的，現在，我也沒有那麼失望了！

老師有看報紙了嗎？我真的被訪問囉！不過有點不好意思，自己只考兩百九十三，旁邊站著等候拍照的同學們都是三百分以上，卻只有我被採訪這麼久。我有提到你喔！不過感謝的話沒有說太多，因為時間真的太久了。

長大後，我發現自己小時候讀書，並沒有很努力，或許天生頭腦聰明，就算是大考，也只要在考前三天加強複習就能考得很好。那時候，我總是輕視著考試，還大言不慚的說出「要考三百分榜首」這句話。抱著這種心態進入國中的我，便重重的摔了一跤。

在第一次的段考，考了全班第十九名；全校也排不進前兩百名。下一次的段考也是一樣，停在十九名沒有進步，那時才有了很大的覺悟：成功需要努力。

班上有個同學，跟我同班三年，她不聰明，不！應該是說，她不會像我一樣，把自己當成天才。她不會充面子，讓大家以為她不是很用功就能成為第一名的常勝軍；不會在下課的時候聊一些無意義的東西，從不會出現悠閒的樣子。她下課總是坐在位置上安靜的讀書，也不會一傳眾咻，環境再怎麼嘈雜一樣能讀好書。

她成為我在這國中三年努力的目標，欣賞她的不是她的成績，而是她有我在當時所沒有的東西——「認真」！

從國一下學期開始我就下定決心，要朝著台中女中這個夢想前進。我一次又比一次更加努力，從沒沒無聞到全校的前五十名；到了國三，在A加班的壓力下，不小心考到了全校第一名。我發現，我已經在不知不覺中，成為了所謂「頂尖的學生」。

認真的態度，就是如此。這就是我國中三年來，最有收穫的一件事。

終於，順利的進入自己當初夢想的學校，也完成老師的期望——我要成為原住民之光！謝謝老師，還好有你在，我能以原住民這個身分而驕傲。我們族群不會永遠都是弱勢族群，我們要變得更強，要走到那頂端。

我會一直努力下去的，不管到了哪裡，我永遠都是老師的學生，您也永遠都是我最敬愛的老師，真的是很感謝你。

Sincerely　　雨薇

小時的她，在課堂上總是像《哈利波特》小說裡的「妙麗」，永遠在第一時間就舉手；在課業，還有體育方面經常是第一名的她，讓我忍不住以「原住民之光」來勉勵她。尤其是當她聽到「老師從小到大幾乎都沒有補過習」時，她也立志要朝這個方向努力。而如今，她真的做到了！

我常在家長座談會中，和班上家長分享這個發人深省的好故事。

誰說，原住民只能在體育及才藝方面勝出？誰說不補習的孩子，功課就會落後他人？這個孩子的故事，似乎顛覆了我們舊有思維。

我想這就是自學力的重要性！**父母親和老師常拚命的為孩子安排課業加強，卻忽略了要喚醒孩子「想要更多」的自學態度，於是在後頭焦急的永遠是大人，學習反過來變成了大人的責任。**

但是，如果是孩子真正想要、知道自己要什麼時，即使再困苦的環境，他們也會自發性的補強自己的不足，也會尋求更多的資源，這才是我們最想培養出來的好孩子！

感謝這個孩子，讓我們見證了一場令人激賞的生命拔河賽。

激勵方法38

孩子吃苦不是壞事

小鍵在班上是個好好先生，懂得照顧別人；對班上事務沒有第二句話，總是熱心的第一個搶著做；對待老師和同學也極有禮貌，人緣好得不得了！也因為小鍵對家裡無私的奉獻，為他贏得學校頒發的「孝行獎」。

有一天，車子因為輪胎插進一根螺絲釘，所以我來到小鍵家的修車廠。修車廠在離學校不遠的大馬路上，爸爸修車技術高超、媽媽個性開朗健談，所以我的車都在這裡受到妥善的照顧。

那天正值選舉日，修車廠裡沒有什麼客人，所以小鍵的媽媽邊幫我修輪胎，邊跟我聊天。我問：「咦？小鍵不在呀？」

「喔，他呀，去補習了，聽說你要來修車，本來想留下來等你過來，不過十點他就去補數學了，十二點鐘會回來。」修車動作也變得熟練的小鍵媽媽，這麼說著。

我看了看手錶，已經十一點多了，輪胎修好也將近十二點。

我心想：乾脆就留下來等小鍵，待會兒等小鍵回來，再找一些同學，一起去前方五十公尺遠的麥當勞坐坐吧！

沒想到，整座修車廠後來就只剩我一個人而已。

小鍵的爸爸和修車師傅，在別的修車廠忙碌著；而小鍵的媽媽在廚房煮午餐。我只好充當臨時的修車廠泊車小弟，一有狀況我就得跑進廚房大叫，趕緊把小鍵的媽媽千呼萬喚叫出來。

「十二點十分了，奇怪！這小鍵怎麼還沒到家咧？」我心裡還在犯嘀咕，這時，突然駛進一台老爺車。

從它生鏽的車身來看，這肯定是一部超級難搞的車，所以我連忙把「手邊還拿著一把菜要丟進鍋裡」的小鍵媽媽，請出來診斷老爺車的病情。

這時，小鍵回來了。他看到我，很有精神的叫了一聲「老師好」，看到媽媽滿手油污，於是就走到房間裡頭放好書包，換上一件背心。

我說：「走吧！我還約了一些同學，要到麥當勞去坐坐。」

小鍵回了一句：「喔，好……」隨即他走到媽媽的旁邊，開始幫忙修車。

呃……突然我覺得我好像做錯了事，真想海扁我自己一頓。

看著小鍵正熟練的拆卸著汽車的排氣管，天啊！排氣管？我自己還幾乎從來沒仔細瞧過它耶！真難想像他還只是一個國中一年級學生而已。事實上，他已經有四、五年修車的資歷了。

還記得我五年級剛教到小鍵時，小鍵的媽媽就面有難色的表示：家裡的修車廠因為找不到修車師傅，而人手又忙不過來，所以他每天回到家的第一件事，就是先進修車廠幫忙修車。每天忙到晚上八、九點過後，才能去寫自己的功課。

「不過這個孩子真是難得，從小就不曾抱怨過！」小鍵的媽媽心疼的說著。

「有時候，看我在忙時，他就自己去廚房，幫我把飯菜都煮好；像洗碗、打掃……這些家事，他也會一併打理好。」而那時他才國小五年級。

對呀，我常聽說小鍵在家裡，經常幫忙碌的全家人準備晚餐。晚餐耶！他不過是個讀國小的孩子。

我常開玩笑的對著小鍵說：「不知道你的廚藝如何呢？好想吃你煮的菜喔！」

在更早之前，國小四年級的他，有次蹲在修車廠裡幫忙修車子。結果有位客人看到他小小年紀就在幫忙修車，非常驚訝的問他幾歲。隨即回家載來家中五年級的孩子。

這位爸爸對著自己的孩子大罵：「你看別人這麼小就要幫忙修車子，你看你多大了還這麼被動？你知不知道自己有多幸福？」

從小吃苦耐勞、不多抱怨的個性，造就了小鍵的好脾氣。

他在班上是個好好先生，懂得照顧別人；對班上事務沒有第二句話，總是熱心的第一個搶著做；對待老師和同學也極有禮貌，人緣好得不得了！也因為小鍵對家裡無私的奉獻，為他贏得學校頒發的「孝行獎」。

從他的身上，我再次體會到「**從小吃過苦的孩子，會更懂得感恩與謙卑**」的道理。

一位家長曾經和我談過她的孩子，這位媽媽說：「我的孩子在家裡讀書都很被動，整天心裡只想要玩而已。不懂感恩的他，不如他的意時，還會對爸媽大呼小叫。」這位家長家裡也是開家庭鐵工廠，父母每天在油膩、高溫的環境中工作，為的就是給孩子最好的生活環境。

我說：「不如找幾天，讓他和你們一起工作。我想這個孩子需要感受一下爸媽在工作上的辛苦，也讓他知道要維持舒適的生活環境，不是那麼簡單的。這樣這個孩子才能慢慢培養起感恩的價值觀。」

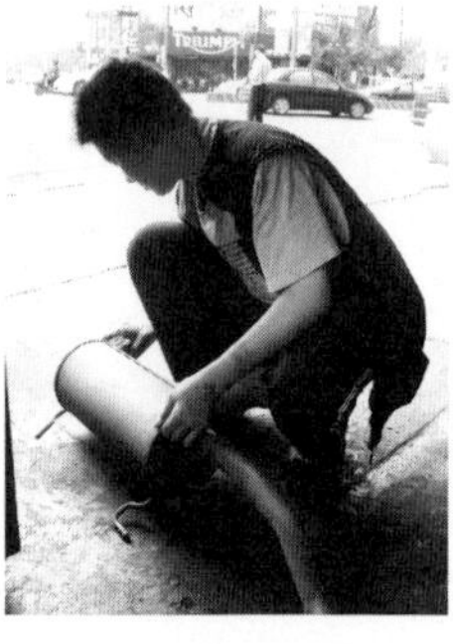

就像是小鍵，他的父母沒有提供他養尊處優的生活環境，反而是邀請他來協助家裡的辛苦與繁忙。

從小跟著大人一起做事，小鍵比起別的孩子反而更有對生活感知的能力；對父母，或是對生活的種種，也都能懷抱一份感恩及感謝的態度。

小鍵畢業後，我常和他的媽媽聊起小鍵，最後，我總是會下一個結論：「我真的很期待小鍵長大！不知道他長大後，會變成怎麼樣的人？」

這時，小鍵的媽媽也會笑著說：「是啊，我也很好奇呢。」

激勵方法 39

激發學習熱情（三）

在遠方的桌子底下，竟然藏著一個人影。這個人是小瑋，他正偷偷躲在桌子底下，神情認真的抄著數學筆記啊！

人在講台上課的我，一轉身，差點因這畫面笑到昏倒。

過兩天就要參加校內的閩南語演講比賽了，我卻驚訝的發現：兩位參加比賽的孩子，壓根兒就沒把這件事放在心上。

演講稿早在一個月前就給他們了，連講稿的示範CD也讓他們帶回家聽熟，但他們還是支支吾吾的說：他們背不起來……

這種「不當一回事」的學習態度實在不好，於是我叫他們兩個坐在教室後頭一起背；並且規定他們這節課要背好，下一節課就要上台講給同學聽。

瞧這兩位先生一臉緊張、交頭接耳的猛背演講稿，於是我稍微放寬心，開始上起數學課。

但不知道是因為數學課太有趣，還是背演講稿太無聊，小瑋突然出現在我面前，說：「老師，我可以上數學課嗎？」

「你還是利用這節課趕快把稿子背完吧！過兩天就要比賽了！」話說完，我又把小瑋趕回去背稿子。

正當我在講台上口沫橫飛的講解數學題型時，轉頭一看，差點因這畫面笑到昏倒。

右邊這張照片，大家看得出來有異狀嗎？

公布正確解答。

在遠方的桌子底下，竟然藏著一個人影。這個人是小瑋，他正偷偷躲在桌子底下，神情認真的抄著數學筆記啊！

小瑋，我實在是被你打敗了！你竟然想到要偷偷躲在桌子底下上課？你真的是太妙了……平時看你上數學課也沒這麼認真啊？

原來，孩子的學習熱情，就藏在他們自己的心裡。限制住了理所當然的心態、讓他們稍稍的不方便一點，反而會激發出令我們意想不到的學習動機來！

不過這種「認真聽講」的方式，實在是太爆笑。我只能說：現在的小孩，我真的是猜不透你們……猜不透啊……

激勵方法40

善用遊戲，學習加倍（四）——我猜我猜我猜猜

今天最快樂的事，是在下午第二節的最後幾分鐘，我們玩了一個很刺激的遊戲，那就是要猜出老ㄙㄨ心裡想的東西，例如：數字、國字……我們要問是非題，老ㄙㄨ就會回答「是」或「不是」。

很刺激，像我就連續兩次說出了關鍵問題，讓大家好猜了一點。而且，我還拿到一雙襪子，雖然有一點好笑，但是卻很實用喔！

趕課累了，於是我拉了張椅子坐在講台上，和孩子們玩起了「我猜我猜我猜猜

猜」的遊戲。

這名字其實是孩子林大師取的，最近我的腦袋裡，愈來愈多自創的笨遊戲，有人幫我取遊戲名字當然好。林大師自己還給了這遊戲高達五顆星的評價。

遊戲方式其實很簡單，我拿出一大堆書商送的小玩具擺在桌上，說：「來，現在我們來玩一個遊戲，就是猜老ㄙㄨ現在正在想什麼。老師現在腦中有一個數字，你要把它猜出來。不過你只能問『是不是』，然後老ㄙㄨ會回答你『是』或『不是』。凡答對的人，或是問到關鍵問題的人，都可以出來搶小獎品。」

這個遊戲主要是讓孩子去猜猜別人到底在想什麼，也讓孩子學習體察別人的想法。對他們而言是一種很好的訓練。

孩子們開始舉手發問了：「它是一百以內的數嗎？」

「不是！」

「那它是一百到兩百以內的數嗎？」

「是！」

「那它是偶數嗎？」

「不是！」

我接著說：「不過這是一個關鍵問題，問得真是漂亮，待會兒可以來競爭搶獎品！」

於是，遊戲一直進行下去。

這遊戲有點像「終極密碼」，不同的是，問法千奇百怪，還能提出最快速破解的問題。最後當答案「**133**」幾乎呼之欲出時，全班都瘋狂的舉起了手。

現場氣氛都被炒熱了，當然還要繼續玩下去。

我繼續出第二題：「現在你們要來猜老ㄙㄨ腦袋裡在想什麼？它是一個字！」

「是英文嗎？」

「不是！」

「是中文嗎？」

「是的！」

「是我們上課教過的字嗎？」

「不是！……喔，這個問題也很好，有機會最後來搶獎品。」

「是一句口頭禪嗎？」

「是的！這問題太棒了！」

「是XXX常說的話嗎？」

「是～～～！」我加長了聲音回答著。

這個問題，又讓班上產生大暴動。

全部的人七嘴八舌的問問題，希望趕緊找出答案來。不過我總是點著還沒問過問題的人來發問，這樣大家參與的機會才公平嘛！

當謎底被猜到時，全班都哈哈大笑了起來。

接下來的第三題是最困難的，這問題結合了偵探的題目，我問：「請問你們，有一個很有名的人，偷了別人的東西，還殺了人，他卻被大家視為偶像。請問，他是誰？」

有了前面幾題的經驗，現在大家問的問題可有深度了些。大家猜了老半天，當答案出現時，大家都會心的笑了出來。孩子小青描述了當時她猜對的驚險過程。

遊戲一直持續到第三局，老ㄙㄨ說：「這次要猜一篇故事，比較困難，所以猜對的那一個人所屬的小組，可以加五十分，還可以拿一樣禮物！」

我不停的思索著到底是哪一篇外國童話，突然《傑克與魔豆》，就這麼飛進我的腦海，我慢慢的舉起手，且小聲的說：「傑克與魔豆。」

因為這樣，所以我得到一雙襪子。很謝謝老ㄙㄨ，讓我們過了一個快樂的下午！

說到襪子，前幾天有老師問我：「老ㄙㄨ，你的班上有什麼實質的獎勵制度？」我想了想，好像是沒有；反而是無形的獎勵特別多。**我不太喜歡讓他們為了某種外在的獎賞，而特意表現良好；因為那不自覺中會把孩子的胃口養大，也會讓他們養成理所當然的態度**。

我喜歡在「無意中」拿出這些身邊的小獎品，增添一些生活的趣味性，所以即便獎品是一雙襪子，大家也很開心！

孩子豆腐說：

今天最快樂的事，是在下午第二節的最後幾分鐘，我們玩了一個很刺激的遊戲，那就是要猜出老ㄙㄨ心裡想的東西，例如：數字、國字……我們要問是非題，老ㄙㄨ就會回答「是」或「不是」。

很刺激，像我就連續兩次說出了關鍵問題，讓大家好猜了一點。而且，我還拿到一雙襪子，雖然有一點好笑，但是卻很實用喔！

這遊戲除了能學習如何猜測別人的心思，同時也能培養他們發問的能力，這些都是他們未來要學習的重要課題，因為大家不總是說：「現在的孩子真慘，總是看不懂別人的臉色。」

沒關係的，多玩幾次「我猜我猜我猜猜猜」這個遊戲。相信訓練沒多久，每個孩子都會變成老師肚裡的蛔蟲啦！

激勵方法 41

看見孩子心裡的熱情——按摩達人

這一天正當我在批改著作業，突然我的肩膀又開始「咚咚咚」響著。

於是我坐著椅子轉向左邊，沒想到烤魚也跟著跑到左邊；我轉向右邊，烤魚也跟在轉向右邊。只要我轉向哪邊，他就跟到哪，那雙小手始終不打算離開我的肩膀似的。

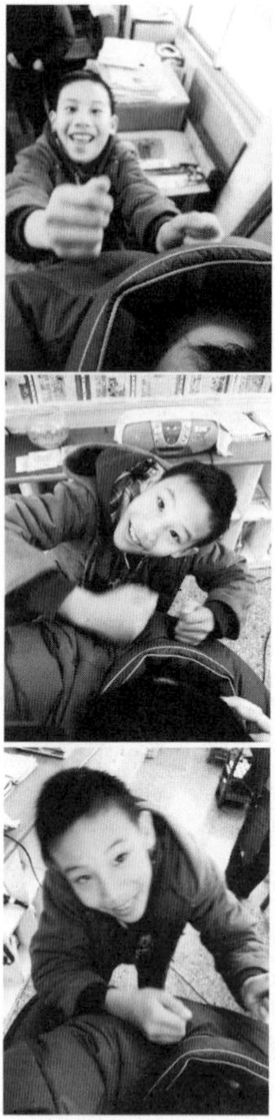

1

最近總是在我不注意時，肩膀上就多了一雙小手，開始「咚咚咚」的敲個不停。我知道，那是烤魚又來幫我按摩了。

說真的，烤魚這孩子真是超妙的。臉上總是掛著一抹有趣笑容的他，感覺上好像完全愛上這「用按摩把老師嚇一跳」的遊戲，不管我是坐著、站著，還是我在講台、走廊上，常在我背後悶不吭聲出現一雙鬼鬼祟祟的手，害我總是一陣「咬冷損（台語）」。

這一天正當我在批改著作業，突然我的肩膀又開始「咚咚咚」響著。於是我坐著旋轉椅轉向左邊，沒想到烤魚也跟著跑到左邊；我轉向右邊，烤魚也跟著轉向右邊。只要我轉向哪邊，他就跟到哪，那雙小手始終不打算離開我的肩膀似的。

哈哈哈，太好笑了，這個人怎麼這麼妙啊？

於是我坐著旋轉椅轉一圈，烤魚也急呼呼的跟在我後頭轉一圈；我轉了兩圈，他就跟著轉了兩圈；我坐在旋轉椅上滑來滑去的，但神奇的是，他的兩支小鼓棒還一直持續黏在我的肩膀上。

於是最後我滑到櫃子前，整個人緊貼著牆壁。這時，烤魚只好心不甘情不願的說著：「老師，這樣我沒辦法幫你按摩啦！」

耶耶耶~~，我贏了！薑還是老的辣吧？恭喜老ㄙㄨ老師獲得一分。

（唉，這個老師究竟在和學生爭什麼啊？）

2

自從烤魚成為按摩達人之後，只要我走到哪裡，班上孩子們就會說：「老師在那裡，快上！」

而且只要烤魚跟在我後頭準備開始展現按摩的神技時，他的後頭就會迅速串起一條長長的按摩接龍。

只要我走到哪裡，哪裡就串成長長一條沉

就像這樣。

重、甩也甩不掉的按摩接龍。這總是讓我忍不住臉上出現三條線，而他們卻愈顯得樂不可支。

特別是烤魚這個孩子，你很難想像，剛開學時的他，還是個臉上很少有笑容的孩子。跟他說什麼，他都滿臉愁苦，要不就是面無表情，完全不回答我。

我常對他說：「你為什麼總是一副不開心的模樣？」聽他的爸媽說，他在家裡也是那副很悶的表情。

直到有一天，我發現他其實還滿搞笑的，答話的內容總是讓人噴飯；叫他表演喜、怒、哀、樂的各式表情，他也可以不假思索馬上變化，而且完全沒有任何的猶豫。**我知道在他的內心深處，是有熱情的，只是需要被釋放出來**，所以我總是用「諧星」來稱呼他；屢次在班上的上台表演，他外放的演技也讓大家笑破肚皮。就這樣，烤魚臉上的笑容愈來愈多，也愈來愈能在這個班上自得其樂！

只是，烤魚你自得其樂就算了，幹嘛老是在我背後號召了這麼大一群人？老人家的心臟會被嚇到很沒力耶。

激勵方法42 老師的覺知感

「語文能力欠佳、長時間都沒有讀書動機」的孩子，連續說了四次的「老師對不起」。

最特別的，他說了一句打中我心底的話：「老師，我很對不起自己。」終於能懂得這個道理，真好！因為所有學習成果回歸到最後，還是自己本身。

把數學習作當成回家功課複習，隔天再到學校考試，目的就是要讓他們重視這些課後的學習內容。每天一點點進度、一點點小小的壓力，就是希望他們能培養出尊重自我學習的態度；也希望這不過兩頁的測驗，能帶給他們數學上的成就感，不那麼害

怕數學課。

但是，如果您真的相信「王子和公主從此就過著幸福又快樂的生活」，那未免太一廂情願了。真實的狀況應該是：經常有人把數學習作考得奇差無比，然後這時老師就會「火冒三丈」（這個成語學生超愛用，經常在「成語時間」中出現）。這時候，老師就要當他們的推手，把這樣的「跌停板」，當成他們學習進步的關鍵與動力！

我說：「昨天沒有數學作業，只有規定要考兩頁數學習作。但是你們八題的數學題，竟然有一大堆人錯了五題以上，還有人幾乎全錯的。這錯誤率未免太高了吧！想請問你回家真的有複習嗎？……好吧，請你去寫一張反省單，告訴我這到底是怎麼回事！」

這時我是稍微板起臉孔的，所以他們也收起嘻皮笑臉的表情，專心的寫反省單。當然也有很混，寫了幾句就送過來的孩子，於是我在他的反省單上挑著問題問：「為什麼你說回家沒有複習？請你寫出來。」

我再澄清一下，反省單只是師生輔導溝通的工具，絕對不是一種處罰方式。透過反省單，我們師生的對話才得以展開。

送過來的反省單各式各樣，有殘破不堪的紙張，也有回收紙再利用，內容上也不盡相同。每個人都有他的個人思維與家庭背景，因此每張反省單的內容也訴說著不同的故事。

例如，「頑皮到不行，每五分鐘就需要我出聲制止」的孩子，說：

老師，我回家的時候都有算，可是我都忘記了。我下次會反覆的算，以後都不會讓老師失望。

從他委屈的眼神中，我相信他說的話。那句「以後都不會讓老師失望」，證明他的心裡還有在乎老師的感受。於是我收了他的反省單，請他下次再加油！

「跟媽媽感情很好」的排球隊員，說：

老師對不起，我在家都沒有複習，所以我才會考很差。我考差的話，會被媽媽罵，所以我要考到九十分。如果我再考到八十分以下的話，媽媽就會把我退出排球隊。

看到孩子的眼眶有些泛紅，趕緊把他請回去。畢竟他內心也知道要考好一點，這點最重要！

「裝作沒看到準備考試這項作業」的孩子，說：

因為回家我看到有考數習這樣功課，我就直接把那樣功課勾掉了，所以我一點也沒有在複習。就像這樣一直退步。

我想，這才是大多數孩子問題的關鍵吧！但是我明白了這孩子的心，能勇敢面對自己的錯誤，把問題寫出來，才有修正的空間！

而「總是認為數學習作裡的題目很簡單」的孩子，這麼說：

> 我不小心忘記帶數習回家，我也沒有想到題目那麼難，所以我就考得很差。我再也不會沒帶數習回去了……

是呀，誰說課內的題目很簡單的？最簡單的題目，也可以把孩子們考倒。我對著這孩子說：「**愈是基本的東西，愈是要虛心學習才好！**」這個孩子點頭，我想她懂了！

至於「乖巧的女學生」考差了，會這麼說：

> 我讓您失望了，我很抱歉！我也很難過，因為我讓您失望，我也讓我家人失望，但我一定會努力的。

看到她滿臉抱歉的表情，什麼話都不用說了。因為我知道，下一次她一定會表現得更好的，絕對不會讓任何一次數學小考擊倒她自己！

「來來回回被退了好多次反省單」的孩子，跟他談了好久，最後他寫道：

我的頭腦很好，所以我要好好努力的學習。

因為我明白這孩子是聰明的，他欠缺的是安穩的學習環境，現在的他被「玩樂」沖昏頭。好好的頭腦不用來讀書，多可惜啊！

「語文能力欠佳、長時間都沒有讀書動機」的孩子，連續說了四次的「老師對不起」。

最特別的，他說了一句打中我心底的話：「老師，我很對不起自己。」終於能懂得這個道理，真好！因為所有學習成果回歸到最後，還是自己本身。

所以我從這些小小的反省單中，閱讀到每一個孩子的故事。

當老師，應該是要有「覺知感」的；可以從這些簡單字句的背後，讀到誠摯的心意。於是，老師將會變得柔軟而具有包容心。先改變的，不是孩子，而是老師看待孩子的態度。

因此，在眼神交換中，孩子知道這個老師懂得他，也會心存感謝的蛻變自己、變成更好的人。那所謂的「深層溝通」、所謂的「喚醒」以及「有效對話」，其實都全藏在這眼神交接的須臾之間。

激勵方法 43 善用小白板，數學超有趣

我出了更複雜的題型「101.0101－3.4343434＝?」孩子們紛紛大叫：「老師這是什麼怪題目啊？」但他們也勇於接受挑戰，開始快速的演算。一些對自己沒什麼信心的人，不小心答對了，還會自己興奮的跳起來喊「YA！」我也給他們一個「哇，你好厲害」的笑容。

我希望我教的每個孩子，對學習都能不懼怕，對學習也都能充滿高昂的興趣，所以才剛接到這個班級，就得來進行一番大改造，不過，首先要改造的是他們的心。

我做了個簡單的調查：「很不喜歡上數學課的人請舉手！」不出所料的，全班有一半以上的孩子全舉手了。我接著說：「其實數學一點都不難，只要你肯去面對它，你會發現數學課還滿有趣的！」

讓數學課變有趣，我是從小白板的輔助開始。

我請他們回家後，先帶來一些數學用具：小白板、小白板筆、數學筆記本。小白板和白板筆，是用來上課進行過關以及形成性評量用的；而數學筆記本，則是希望他們在上數學課時不要發呆，要把老師講解的內容稍微記錄下來，把老師出的例題抄回家重新練習也很好。

數學用具都帶齊了，接著數學課開始了。我會先大致講解這單元的原理與推演算式，接著我就會在黑板上出題考他們。

孩子們要快速的在小白板上解題，寫完後就舉起讓我看。如果對的人就可以放下，錯的人則還要再算一遍。因此所有孩子的數學能力，老師都能在小白板上一覽無遺。

例如：教到小數的減法時，我會先出一題「**0.88－0.51＝？**」孩子們看到後紛紛說：「老師，這太簡單了吧？」不出三十秒全班全算完了。

好的開始是成功的一半，真好！於是我繼續出第二題「**1.81－0.74＝？**」還是一大堆人答對。孩子們興致勃勃的說：「老師，出難一點啦！」

我笑著說：「題目當然會愈來愈難，老師要看誰能過關到最後一題，誰就是最厲害的人！」

「好！」孩子們異口同聲的接下戰帖。

第三題是「1.1－0.53＝？」數學能力好的人，喊了一聲「簡單！」又急急忙忙的把小白板舉高。不過粗心的孩子，開始會有算錯的情形，「哎喲，嘟嘟，記得要先補個0啦……小胖，你忘了借位啦……陳陳，0減3怎麼會是6呢？……」我隔空喊著，他們也快速修正他們的算法，讓自己趕緊通過這一關的考驗。

我所出的題型，會逐漸加深難度，讓孩子們在不知不覺中學會更高層次的解題。**簡單的題型用以累積他們的自信心，較困難的題目則是訓練他們的細心演算能力，而程度較差的孩子，也在全班旺盛學習動機的帶動下，對算數學充滿了好奇心。**

第四題我出了「10.001－7.0707＝？」數學能力不好的人，對10及0的概念是薄弱的，所以一下子就測出不太行的孩子。

這時，「貼心小天使」的課程就要上場了。我說：「如果你算好的人，快去幫忙不會的人，他們現在一定很焦急，需要你們的幫忙。」

如果老師這時再補上幾句：「哇，我看到第二組有三位同學衝出來幫忙，好棒喔！」「剛才每一位有幫助別人的請舉手，這些同學非常的有同學愛，老師要為這些同學每個人加五分。」相信在下一題演算時，全班會有更多的孩子，在別人需要幫助的第一時間裡，就伸出援手。

整節課到這時也快告一段落了。最後我說：「最後這題，非常的難，答對的人你的數學能力真是厲害，老師會很佩服你喔！」

我出了更複雜的題型「101.0101－3.4343434＝？」孩子們紛紛大叫：「老師這是什麼怪題目啊？」但他們也勇於接受挑戰，開始快速的演算。一些對自己沒什麼信心的人，不小心答對了，還會自己興奮的跳起來喊「YA！」我也給他們一個「哇，你好厲害」的笑容。

下課時，我再把沒答對的孩子全叫到講台前來，再做私底下的指導。看著他們小白板上的算式，其實他們的問題可說是一目了然。稍微點撥一下，他們就會順利答對了！

一節步調緊湊的數學課，就這麼結束了，孩子們個個眼神中充滿高昂鬥志。

慢慢的，他們也將會發現：原來數學一點都不難，反而還很有趣呢！

激勵方法44

機會教育（二）——懂得惜福

孩子飯糰在聯絡簿裡寫著：「今天看了小峰的生活背景，我覺得我太不懂得惜福的道理。我應該好好學習！希望我也能像小峰一樣，懂得知福、惜福、再造福！」

1

我實在是太喜歡小峰了！

每回看到他那圓滾滾的身材，大大的肚子，超低腰的褲子，再配上如龍貓般的笑臉時，我就忍不住伸出我的祿山魔爪，開始在他的肚子上「抓龍」。這時，就會聽到

小峰邊倒在地上爆出大笑、邊求饒的聲音。

身材圓胖的人為什麼總是這麼好笑？真的是因為「宰相肚裡能撐船」的關係嗎？

今天放學，小峰因補抄聯絡簿晚點回家，在我揹上背包準備閃人時，他剛好也走出班級大門。

「一起回家吧！」我一邊搭著他的肩膀，一邊說說笑笑的一路走下樓。

當有人跟我說再見時，我就拉起小峰的手向其他人搖搖手；當有人跟我敬禮時，我就壓著他的頭向他們回禮，要小峰用他那最有元氣的聲音說道：「再見喔！」

走到電梯口，我說：「我送你一程吧！」

歡天喜地的小峰也衝進了電梯，我說：「可是我們這台電梯只停靠地下停車場耶？你得自己走上一樓去喔！」

「哎喲～老師，別這樣嘛！」小峰撒嬌的說著。

小峰，難道你不知道，你這種體型，不適合撒嬌嗎？

他還是一路跟著我走到了車子旁邊。我說：「想坐嗎？（小峰大力的點點頭）要給錢喔！」

可愛的他說：「好！我有十元！」

我差點沒馬上摔倒，「人家計程車都嘛起跳七十元才行！」

我上了車，看著還在門外的他，說：「十秒鐘不進來，我就開走了喔。」

才五秒鐘，他那圓滾滾的身材就爬進來坐好，絲毫沒有被他那厚重的書包及手上的餐袋及背包所影響。

車子從地下停車場爬出，我說：「我送你回家吧！」

「好哇，可是老師，我家到了耶！」我臉上出現三條線，原來他家就位於學校校門口的斜前方大樓裡。

我們還是開著車在學校附近溜達，我對著小峰說：「你是我們班上第一個坐我車的學生喔！」「真的嗎？」「真的！你知道以前你學長姐坐我的車，後來怎麼樣嗎？」

「怎麼樣？」小峰好奇的問。

我說：「你有沒有聽過一種叫做『人肉叉燒包』的東西呢？」坐在後座的小峰笑到簡直停不下來。呃，你們胖的人都一定要笑得那麼誇張嗎？

微涼的下午四點半，肚子正咕嚕咕嚕叫著，沿路我們說說笑笑的想買點心來吃。

「你平常都買什麼點心來吃呀？」我問。

「沒有，因為我沒有零用錢……」

我知道小峰的家境不怎麼好，父母的經濟壓力沉重，所以那十元，可能真的是他身上的所有。所以我又繼續與他聊：「那你們家有幾個兄弟姐妹？」

「三個。」

「喔，那你有沒有零用錢？」

「沒有，我沒有零用錢……」

「喔，那你有幾個兄弟姐妹？」

「三個。」

「喔，那你有沒有零用錢？」

「……」

我想這時小峰的心裡一定是暗自嘀咕著：厚！你這個怪怪老師，別鬧了你！要轉移地雷話題也不是這樣呀？

後來，我們停在一家蔥抓餅店前。這家蔥抓餅店是最近新開的分店，本店在一中街頗有名氣。重點是，還很好吃。我想小峰一定沒吃過。我掏出一百元，讓他去買兩個，小峰說：「老師，這樣很不好意思耶！我自己出十元……」

（呃，小峰，十元買不到蔥抓餅啦。）

小峰以他那圓滾滾的身材衝出車門，又以閃電般的速度衝回來，果然有熊的爆發力！

我們兩個一邊吃著蔥抓餅，我一邊說：「可惡，你拿塑膠袋回來了？」

「老師，你又沒有說不要拿？」

「我在上課中有說過呀。」

「喔……老師，對不起……」

「……」

（嗚……你這個勇於認錯的乖小孩，教養怎麼那麼好哇？）

「好吃嗎？」

「不錯呀！」

「什麼不錯？老師買的就一定好吃！」

「嗯，老師買的就一定好吃！」

「……」

（嗚，你這個貼心的小鬼，老師說什麼就是什麼喔……）

後來，我在他們家外頭，又多繞了點路，好讓他再多吃幾口。

一聽到我說他的蔥抓餅可能要分給弟妹吃時，小峰說：「老師，我們再多繞個幾圈，聊個天吧！」你這傢伙呀，不行！現在下車！

下車的小峰，抓著他的書包、餐袋，還有蔥抓餅，又一溜煙的滾下車去。連忙的，跟我說了至少五次的「老師，謝謝！」

（嗚，你這個懂得感恩的好孩子，真的不用那麼謝謝老師啦。）

小峰，我知道你心裡的感謝。下回，我們再去買蔥抓餅吧！

2

我和小峰去買蔥抓餅的事，傳遍整個班上，大家都流著口水想知道那傳說中的美味蔥抓餅長怎樣，於是我隨手將這篇文章，轉貼在班級部落格裡。

隔了幾天，在孩子飯糰的聯絡簿裡，發現了一篇對這「蔥抓餅」事件的小小回應。

今天看了小峰的生活背景，我覺得我太不懂得惜福的道理。我應該好好學習！希望我也能像小峰一樣，懂得知福、惜福、再造福！

沒想到，只是一個小小的轉貼動作，卻也能刺激同學之間的彼此學習。

雖然字數不多，我想她是懂得我所要讓他們感受到其中的深層道理。

小小的蔥抓餅，卻帶來了滿滿一教室的香氣四溢。

45 來場學習上的宣誓

五個孩子，都吵著隔天還要留在學校算數學。

呃，我都還沒有宣布要成立「數學課後補救教學班」，你們就嗅到味道了，要搶先報名了呀？

正值星期三中午放學前，我說：「說到你們的數學呀……（搖頭狀）……這樣好了，如果你覺得自己數學能力很差，但又有心想把數學弄懂，歡迎你下午留下來，老師很樂意幫你們把數學弄懂！」

結果，那些「自認為數學超級無敵差」的孩子，真的就主動留了下來，沒半點強迫。我請他們自己去打電話，詢問爸媽可不可以讓他們留下來。我一共收了五個孩子，這其中還不包括一大堆數學能力還不錯，卻吵著要留下來的人。

五個孩子，各自有各自的問題。但是他們共同的問題，就是——怕數學！一看到應用題的一堆文字、數字，就開始大叫：「老ㄙㄨ，我不會，好難喔！」我說你們啊，連一個字都沒有寫，就開始怕了？

於是我小心的找出他們解題上的盲點，並且仔細跟他們說明如何解題。

這些孩子滿臉驚喜，一個個像是「落水已久，終於看到陸地，又看到曙光」一樣的感動。

我說：「現在你覺得難嗎？」

「不難呀！」

「那你剛才為什麼還沒算就覺得難呢？」孩子們一個個被我問倒，都露出不好意思的笑容。

我說：「所以呀，算數學不要一開始就害怕，你一害怕後，頭腦就不清楚了……」

不過這只是針對「解題能力」有狀況的孩子，「基本計算能力」有狀況的孩子，更是難醫。我發現有幾個孩子，連減法都要一個一個用手指頭算，難怪他每題錯，就算他懂得四則混合計算的解題，他也永遠算不完，因為手指頭實在是不夠用呀！

所以小峰光是「**1122-34=**」這個式子，就被我來來回回逼他算了五、六次，因為實在看不下去他每回重算，就要將手指頭再拿出來數一遍。

等到他終於把答案記住了，在第一時間內就回答我「**12-4=8**」時，我對他說：「算了六次，不就記住了嗎？現在你看到這個數字，在心裡就有答案跑出來，而不必用手指頭來數，這才是你該具備的基本能力。**基本能力怎麼來？就是從大量算數學來的。**」

後來，我跟小峰玩起了「宣誓」的遊戲。

我問：「你聰不聰明？」

「不聰明！」

「不行，你是聰明的！」

小峰傻笑了一陣。

我再問：「你聰不聰明？」

「聰明！」

「那你懶不懶惰？」

「懶惰！」

「為什麼懶惰？」

「因為我在家都沒有讀書……」

「好！那我打你一個懶惰！」於是我作勢拿起拖鞋，在他的掌心輕拍了一下。

「以後要不要讀書？」

「要！」

「要不要懶惰？」

「不要！」

這五個孩子，都吵著隔天還要留在學校算數學。

呃，我都還沒有宣布要成立「數學課後補救教學班」，你們就嗅到味道了，要搶先報名了呀？

激勵方法46

讚美孩子的技巧

最好的一次，阿邦竟然考了九十六分！分數一出來，全班幾乎都因驚嚇過度，下巴都快掉了下來。

那次的段考結束後，我特地安排他站上司令台，面對全校代表領「進步獎」。雖是小小的進步獎，在台上慌亂站著的他，領完獎眼淚就一直流個不停。

常聽專家學者說：「孩子要多讚美，用正面的讚美來取代責罰……」但也有不少家長反應：我們也知道要讚美孩子呀，可是孩子一天到晚犯錯，我都快氣死了，他哪有什麼優點可以讚美呀？

是的，能認同用正面、讚美的態度來教導孩子，是一回事；但如何讚美孩子、如何看得到孩子的優點，那又是另外一回事。

其實剛出來教書的我，也不太能抓得到讚美孩子的技巧。當時班上也有不少的頭痛人物，始終讓我傷透腦筋，阿邦就是這樣一個狀況連連的孩子。

阿邦是班上成績極差、學習成就低落的孩子。來自於低社經地位家庭，缺乏文化刺激，常常一句話都說不清楚。他總是逞凶鬥狠，和別人發生爭執，動不動就跟同學打架，有時還會偷東西、說謊，父母根本就無法管教他。每回打電話去他家裡，媽媽總是說：「對呀，他就是這樣……老師，我實在沒有辦法教他。」

我知道那武裝外表的裡頭，其實是一顆孤單、缺乏關心的脆弱心靈。只是我真的不知道該如何幫助他。

有一回平常的語詞小考，我免費大方送，讓他考了個七十幾分。這分數對他而言，是非常難得的。於是在發考卷時，我刻意的誇獎了他一下：「這次阿邦考得不錯喔！考了七十幾分，大家給他鼓勵一下！」全班歡聲雷動，給阿邦熱情的鼓掌。雖然阿邦知道自己考得還不夠好，但也滿臉通紅的接受了大家的掌聲。

於是下一次語詞小考時，他真的很認真的準備考試，結果當次考試他考了個八十幾分，於是我又讓全班為他拍手歡呼。下下次，他考了個九十分；再下下下次，他考了九十幾分……最好的一次，他竟然考了九十六分！分數一出來，全班幾乎都因驚嚇過度，下巴都快掉了下來。

那次的段考結束後，我特地安排他站上司令台，面對全校代表領「進步獎」。雖是小小的進步獎，在台上慌亂站著的他，領完獎眼淚就一直流個不停。問他為什麼哭，阿邦說：「因為這是我第一次站上司令台領獎，我好高興……」聽完，我也紅了眼眶。

畢業三年來，他偶爾會回來找我，還是一副傻乎乎的模樣。問他現在還會不會做一些不該做的事，他認真的回答我說：「**我現在很好！永遠不會變壞的。**」

沒想到，一句鼓勵的話，帶來前所未有的改變力量！

這件事讓我見證到讚美的力量，也一直影響著我往後的教學生涯。

我相信每一個孩子的內心，都渴望大人的關心與讚美。尤其是表現極差的孩子，讚美對他們而言，更像是得來不易的甘泉，能夠滋養他們枯竭的自信心。他們會懂得的，也會十分的珍惜。

您不妨現在回過頭去，給孩子一個微笑，讚美他今天的好表現，想必他現在的臉上，一定正綻放著一朵最甜美、最開心的笑容。

激勵方法47

換個場所上課去！

大穿堂的風，從衣服前頭的縫隙吹入，再由袖口貫穿而出，吹得人彷彿快要起飛。舒服透了！看到孩子們還滿專注的眼神，這應該……是一堂還不賴的數學課吧？

1

太熱啦！教室就像被蒸籠罩頂，停滯的熱空氣，逼得人喘不過氣來。

我和孩子們一邊搧著紙扇，一邊複習著剛考完的數學練習卷。眼看著孩子們的耐性一點一滴的流失，而我整個人也跟著浮躁了起來，所以我說：

「來吧！我們到大穿堂去吹風算數學吧！」

「老師你說什麼？到大穿堂去上數學？」孩子們一臉狐疑的說。

「一分鐘以內如果你們沒到外面排好隊，我們就繼續待在這間烤爐裡上課吧！」

一陣兵荒馬亂，孩子們帶著所有的數學用具：數課、數習、數簿、數學百分百、數卷、小白板……（你看現在的孩子們還真忙呀！）鞋沒穿好、兩手滿是狼狽樣的站在走廊上。還沒等他們排好隊，我就帶著他們往樓下大穿堂大步前進。

在說明所有的遊戲規則後，我就讓孩子依照各數學家族，帶到「有風沒太陽」的地方去算數學。

孩子們歡歡喜喜的各自散開，占滿了整個學校的大穿堂，形成滿地或坐或臥的紊亂景象。

其他的老師看見了，問：「那是你們班的學生嗎？」

「是呀！天氣實在是太熱了，我讓他們下來吹風算數學！……」話還沒說完，我可以看見她眼中驚恐的眼神。那眼神不知道是因為太佩服、還是太吃驚？我不禁笑了出來。

大穿堂的風，從衣服前頭的縫隙吹入，再由袖口貫穿而出，吹得人彷彿快要起飛。舒服透了！看到孩子們還滿專注的眼神，這應該……是一堂還不賴的數學課吧？

2

我們班的教室是位於第三棟的最高樓層，從上直射而下的陽光，幾乎快把我們「蒸熟」了，再加上教室內有一半的窗戶，是被教室裡的室內廁所擋住，因此待在密不透風的教室裡，我們的汗像水龍頭沒停過；黏膩的皮膚，讓人只能學河馬用水噴濕全身散熱，實在是熱到令人想流淚。

受不了啦！我決定再次帶著這群孩子逃離這間恐怖的教室。

雖然來到大穿堂，風還是沒半點影子，流動的只能算是熱空氣罷了，但是孩子們還是心甘情願的留在這裡。

整個下午，我們在大穿堂上了兩堂課，一堂健康課，以及一堂國語課。偶爾吹來的一陣風，仍讓我們舒服的想感謝上蒼的恩澤。

吱吱老師說：「我們都很佩服你竟然帶學生出來上課耶！也很佩服你們班上課的秩序。」

其實吱吱老師你有所不知，我看他們是因為熱到快中暑，無力搞怪了啦！

千萬不要問我他們在演什麼，事實上熱到頭昏眼花的我們，根本無心看戲，只想躺在地板上直接「冰鎮」一下。

回家看新聞報導，發現今天的台北氣溫竟然高達三十七點二度，熱到差點破表。

我很慶幸，今天的當機立斷是對的！

激勵方法48

enjoy與孩子的相處——十八相送

對孩子們而言，她們正和老師玩起一種「無時無刻跟老師說再見」的遊戲。愈讓老師感到驚喜、愈在老師想像不到的地方對老師說再見，她們顯得愈高興。而我，其實也很享受這種感覺！

1

放學後，教室裡頭只剩幾個留下來要上安親班的孩子。有點事要先走的我，匆匆忙忙收著自己的東西，見孩子們還在忙著網站上聯絡簿的功課事項，於是我對著忙碌的他們，說：「再見喔！」

「老師再見！」孩子們揮揮手說著。

我走到教室後門，穿好鞋子，朝著教室裡的孩子們，再說了一次：「再見喔！」

「老師再見！」這群孩子手揮得更用力了。

走到前門，心血來潮，於是我又轉身走進教室前門，對著他們說：「再見喔！」

孩子們呵呵的笑了出來，心裡可能在想「這個老師怎麼這麼煩呀？」不過，他們還是挺有禮貌的，再次揮揮手，對著老師說：「老師，再見啦！」

玩上癮的我，偷偷的蹲下來，爬到窗戶邊，奮力站起來，用「吃了麥當勞元氣早餐」的洪亮音響，對著他們說：「再見喔！」

孩子們簡直笑翻了，顯然他們被我這笨模樣嚇到了！一群學生全湧過來，朝著窗戶外的我，說著：「老師，再見啦！」

我心滿意足的離開，正打算閃入廁所躲一陣子，再衝出來跟他們說再見。不過這時顯然他們學乖了！當我走到廁所再衝出來時，他們老早嚴陣以待，站在門口先說了句：「老師，再見！」

哈哈哈！我輸了！我只好乖乖的離開。

不過他們灼熱的眼光一直緊跟著我的背後，我知道他們深怕我走到一半，又衝回來跟他們十八相送一番。他們的目光整整送我送到A棟、B棟，到最後對面的C棟大樓。

終於，盼我盼到要下樓梯了，孩子們鬆了一口氣，正準備進教室時，人在對面C棟的我，對著遠遠的他們一笑，微微笑，用力揮揮手，張大口的說著：「再—見—喔—！」

耶～～我贏了！

2

放學後，正當我收拾行囊，準備回家過個快樂的週末假期時，突然傳來一陣微弱的聲音：「老師，再見！」

咦？教室裡不是已經沒人了嗎？這聲音聽起來挺遙遠的？找了找，我發現這聲音好像來自窗外，於是從四樓的窗戶往外面探頭，發現……

「老師，再見喔！」站在學校外天橋上的加瑜和小佑，手揮得更大力了，臉上則是露出「耶！我們贏了」的表情。

對她們而言，她們正和老師玩起一種「無時無刻跟老師說再見」的遊戲。愈讓老師感到驚喜、愈在老師想像不到的地方對老師說再見，她們顯得愈高興。而我，其實也很享受這種感覺！

呵呵，下一次你們會出現在什麼怪地方，跟我說再見呢？我十分期待！

激勵方法49

師生之間的祕密（二）

今天颱風天剛收假回來，一早來學校我就發現：原本應該是積水的走廊，怎麼會如此的乾淨、晶亮？一問之下，才發現小乖一早來學校，就主動將走廊的積水處理好了，就在我交代之前。

開學一陣子了，小乖還迷迷糊糊的缺交作業，在我提醒他幾次都沒改善後，只好祭出「扣分章」這個法寶。

隔天小乖說他忘了帶聯絡簿回家，又再隔天在他的聯絡簿上發現安親班老師的留言：「孩子星期五忘了帶回聯絡本，責任欠缺，令人擔心。」

經過大風大浪的高年級導師，怎麼會不知道這個孩子在做什麼事呢？當下馬上把小乖找來，三兩下就戳破他的謊言。我也先不發作，讓他自己先去寫反省單，說說到底發生了什麼事。

小乖說：

我今天把聯絡簿藏了起來，因為聯絡簿上面有扣分章，而且我還被蓋兩個扣分章，所以我才會把聯絡簿藏起來。

我一開始也想說一定會被發現，才會騙兩個老師說我聯絡簿沒帶。可是我也很想說出來，因為一直想這件事，感覺很不舒服。

老ㄙㄨ和安親班老師，真是對不起！我以後真的不敢再把聯絡簿藏起來，也不敢再騙老ㄙㄨ說我沒有帶聯絡簿。這件事我要好好的反省幾天。

看了這樣發自內心、深切反省的反省單，氣都消了一半了。

我始終知道小乖的內心藏著一顆善良、體貼的心，可是常被生活的懶散習慣所拖累；又因為害怕被責罵，所以才會有後面這一拖拉庫、亂七八糟的事情發生。事情是可大可小，最重要的是偏差行為能不能妥善獲得改善。

所以我對小乖說：「我看到你願意反省的心了，所以老師給你兩個選擇：第一個是把這張紙釘在聯絡簿上，請父母簽名。這可能會換來一頓揍，不過父母的提醒總是會對你自己有幫助。第二個選擇是我把這張反省單收起來，假裝沒發生什麼事，可是你要保證下次絕對不會再犯，並且要一直表現出你的高度自制力來。」

小乖考慮了很久，最後還是做出第二個選擇。很好，男子漢說到要做到，接下來就看他的表現了。

當天之後，小乖就變得很不一樣，他開始賴在我身邊當小跟班，一直詢問我有沒有需要幫助的地方；我上課時他主動遞上課本，我去盛飯他堅持幫我拿湯碗；打掃時他總是默默的在拖地，把一大片的走廊拖得亮晶晶的。

隔天，在他的聯絡簿裡，清清楚楚的貼著一篇短文：

帥氣的老ㄙㄨ：今天我很感動您幫我解決了一件事，所以我很開心。而且今天也幫了您很多忙，也有幫同學忙。今天發生的那件事，希望老ㄙㄨ不要生氣，所以今天非常的謝謝老ㄙㄨ幫我。

今天颱風天剛收假回來，一早來學校我就發現：原本應該是積水的走廊，怎麼會如此的乾淨、晶亮？一問之下，才發現小乖一早來學校，就主動將走廊的積水處理好了，就在我交代之前。

我把這件善行和全班分享，並在全班面前大大的誇獎了他一番。

中午盛飯時，他又走在我的後面想要幫我拿湯碗。我本來要和他談談那件事對他現在的影響，可是我話又吞了回來，我只是拍拍他的肩膀，對著他說：「小乖，這幾天的你，這麼主動、積極，老師看了很感動。要繼續保持下去喔！」

有個不能說的祕密，正藏在我們師生之間。那是一個關於信任與改變的故事。

激勵方法50

保持距離感與適度放手

「唉呀！我還沒有教他們如何做操耶，沒想到他們都會了？」我有些訝異，因為體育股長已經把暖身操都帶過一輪了；而且，口令、動作都很標準，甚至我都不用教！

大人和孩子之間，是該有點距離感，不過那距離感並非是刻意保持的嚴肅感、不是讓孩子心生敬畏而不敢靠近的假象。我所指的「距離感」，是在培養孩子自主能力時，要退後一步，不踏進他們問題解決時求救的圈圈裡；而是用「只可遠觀」的態度，來等待他們慢慢培養出應有的能力來。

例如：在全班排路隊時，我會站在隊伍的前方看著他們整隊，但我會比其他的老師更刻意往後退兩大步。因為每回我站在他們的整隊範圍裡時，不是我受不了，自己跳出來下口令；要不就是路隊長在前頭整隊，而其他人仍是吱吱喳喳的講個不停。

多退兩大步的距離，等於遠離了他們的整隊範圍。這時我們只要微笑的看著他們，各路隊長自然有壓力會想要整好隊；而其他同學也會覺得：「咦？老師好像在看著我們？」也會乖乖的排好隊。這時，老師只要微笑等待各路隊長向老師回報「我們整隊好了」即可。

這多拉出來的距離，讓我們輕鬆做好班級管理的工作！

體育股長遠遠看到老人家我坐在那裡、對著他們猛放電，一時心生緊張，開始下口令整隊。口令下得大聲、聲音裡有威嚴，因此大家也不敢隨便，整齊畫一的隊形就出現了。

接下來體育股長看老師沒反應，又指揮其他學生排了一個做體操的隊形。厚，上一次我教了一節課，結果大家都一直搞不清楚狀況，沒想到這次他們輕易就到達定位，還開始做操了。

「唉呀！我還沒有教他們如何做操耶，沒想到他們都會了？」我有些訝異，因為體育股長已經把暖身操都帶過一輪了；而且，口令、動作都很標準，甚至我都不用教！

體育股長看我坐在那裡，還是沒有反應，於是又下令全班要加做「開合跳」運動。最後，等整套暖身操都做完了，體育股長才「咚咚咚」的跑過來，問我要不要讓全班跑操場。

體育股長前來報告：「老師，我們整隊好了！」

「好了嗎？」我轉身，微笑的看著全班。這就是保持距離感的重要性，孩子們現在**正在學習自我管理、與團隊合作的道理。如果我們希望他們學得更多，那我們就不該打擾他們！**

於是我向著他們往前走了兩步，微笑著，繼續說：「那……我們現在可以開始來打躲避球賽了嗎？」

後記

在孩子心裡，植下一顆種子

呼，新書終於完稿了。農曆過年時，我還窩在電腦前修改新書文稿。當終於寫完最後一個字時，突然有種「眼睭茫、眼睭霧（台語）」、不知今夕是何夕的感覺。

不知道這滿滿的五十篇故事，一口氣讀完，究竟帶給您什麼樣的感覺呢？是感動？是笑到噴飯？還是有很多不一樣的想法在心裡迴盪著？

我和出版社都覺得，好像新書的最後，應該安排個大爆點來當結尾才對！但是我左思右想，到底要出現什麼大爆點，才會讓人大呼過癮呢？……我想，也許應該來一張老ㄙㄨ的個人清涼照吧？

（對不起，我耍冷了……）

對了，說到「老ㄙㄨ」這兩個字，一直有朋友問：「為什麼你的學生都叫你『老ㄙㄨ』啊？」其實，這主要原因是因為我姓蘇；再加上「老師」這兩個字，台語叫起來，諧音就是「老ㄙㄨ」。孩子們喜歡這麼叫，感覺這樣比較有親切感，久而久之就變成了這個可愛的暱稱了。

不過這倒也為難了中國大陸以及馬來西亞的出版社，因為他們沒有注音符號，恐怕也很難理解台語諧音的笑點究竟在哪。

不好意思，我是離題大王，趕緊回到正題。

今天早上，發生了兩件事，讓我還滿有感而發。一大早，我就發現之前的學生在我部落格裡留言。她目前就讀於台中有名的高中，並且正在努力準備著明年美國大學的入學考試。她小小年紀，就已通過「劍橋英語認證」中最高級的ＣＰＥ認證，她和弟弟都是亞洲年紀最小的保持人。她璀璨的未來，正在她眼前等著她。

後來在我上學途中，行經學校附近，巧遇以前畢業的學生，他正準備進入工地打工。好不容易上了大學，但聽說後來他被退學了，現在四處打工。今天匆匆一瞥，我有點驚訝，心裡留下好多的問號。

這一個個孩子，都曾經是我手上最珍惜的珍寶。如此他們正用自己的一步一腳印，寫著自己的未來。有的孩子大步向前，有的孩子在人生路上跌跌撞撞。但不管如何，我依然記得他們小時候可愛的童顏，臉上那漾著笑容的神采。

看著每個孩子，我衷心期盼在他們的心裡，能一直能懷抱著童年時那幸福快樂的感覺，讓他們有足夠的能量去面對詭譎多變的未來；我也希望能在他們的心裡種下一顆種子，期待有一天它在歷經風霜後，終將開花。

最近有位朋友，請我幫她寫序。十年的流浪教師生涯，讓她歷經多少的人生低潮，所以她希望為自己出一本十年教師的紀念專輯。她說至今她仍不放棄，是因為她一直回想起我們有一天的對話：「教書，是救人的大事業！」

是呀，教書真的是一項救人的大事業！我常想，如果我們能在正確的時間點，提供協助給需要幫助的孩子，讓他們重新站起，那麼他的人生也許會因此走上正確的道路，他的未來也會變得截然不同。

我一直都是這樣想的。也因為這樣的信念，給予我源源不絕的強大力量，讓我能夠在輔導孩子的過程中，挫敗了仍不放棄、受傷了仍不退縮，堅持著只想帶好他們的決心。

這也就是「希望教室」最初發想的概念，期許每位老師都是「希望教室」裡的主角，享受教學所帶給我們的幸福時光！

國家圖書館預行編目資料

讓孩子潛能大大發光——希望教室／蘇明進
著. --初版. --臺北市：寶瓶文化, 2010. 05
面； 公分. --(catcher；40)

ISBN 978-986-6249-11-2（平裝）

1. 學習心理 2. 潛能開發

521.1 99009075

catcher 040

讓孩子潛能大大發光——希望教室

作者／power老師・蘇明進
主編／張純玲

發行人／張寶琴
社長兼總編輯／朱亞君
主編／張純玲・簡伊玲
編輯／施怡年
美術主編／林慧雯
校對／張純玲・陳佩伶・余素維・蘇明進
業務經理／李婉婷
企劃主任／艾青荷
財務主任／歐素琪　業務專員／林裕翔
出版者／寶瓶文化事業股份有限公司
地址／台北市110信義區基隆路一段180號8樓
電話／(02) 27494988　傳真／(02) 27495072
郵政劃撥／19446403　寶瓶文化事業股份有限公司
印刷廠／世和印製企業有限公司
總經銷／大和書報圖書股份有限公司　電話／(02) 89902588
地址／新北市五股工業區五工五路2號　傳真／(02) 22997900
E-mail／aquarius@udngroup.com

著作完成日期／二〇一〇年二月
初版一刷日期／二〇一〇年五月二十七日
初版八刷日期／二〇一五年八月二十五日
ISBN／978-986-6249-11-2
定價／三〇〇元

AQUARIUS 寶瓶 文化事業

愛書人卡

感謝您熱心的為我們填寫，
對您的意見，我們會認真的加以參考，
希望寶瓶文化推出的每一本書，都能得到您的肯定與永遠的支持。

系列：Catcher040　**書名：讓孩子潛能大大發光——希望教室**

1. 姓名：＿＿＿＿＿＿＿＿　性別：□男　□女
2. 生日：＿＿年＿＿月＿＿日
3. 教育程度：□大學以上　□大學　□專科　□高中、高職　□高中職以下
4. 職業：＿＿＿＿＿＿＿＿
5. 聯絡地址：＿＿＿＿＿＿＿＿＿＿＿＿＿＿＿＿＿＿＿＿

   聯絡電話：＿＿＿＿＿＿＿＿　手機：＿＿＿＿＿＿＿＿
6. E-mail信箱：＿＿＿＿＿＿＿＿＿＿＿＿＿＿＿＿

   □同意　□不同意　免費獲得寶瓶文化叢書訊息
7. 購買日期：＿＿ 年 ＿＿ 月 ＿＿日
8. 您得知本書的管道：□報紙／雜誌　□電視／電台　□親友介紹　□逛書店　□網路

   □傳單／海報　□廣告　□其他
9. 您在哪裡買到本書：□書店，店名＿＿＿＿＿　□劃撥　□現場活動　□贈書

   □網路購書，網站名稱：＿＿＿＿＿＿　□其他＿＿＿＿＿
10. 對本書的建議：（請填代號　1. 滿意　2. 尚可　3. 再改進，請提供意見）

    內容：＿＿＿＿＿＿＿＿＿＿＿＿

    封面：＿＿＿＿＿＿＿＿＿＿＿＿

    編排：＿＿＿＿＿＿＿＿＿＿＿＿

    其他：＿＿＿＿＿＿＿＿＿＿＿＿

    綜合意見：＿＿＿＿＿＿＿＿＿＿＿＿＿＿＿＿＿＿＿＿＿＿＿＿＿＿
11. 希望我們未來出版哪一類的書籍：＿＿＿＿＿＿＿＿＿＿＿＿＿＿＿＿

讓文字與書寫的聲音大鳴大放

寶瓶文化事業股份有限公司

（請沿此虛線剪下）

廣 告 回 函
北區郵政管理局登記
證北台字15345號
免貼郵票

寶瓶文化事業股份有限公司　收

110台北市信義區基隆路一段180號8樓

8F,180 KEELUNG RD.,SEC.1,

TAIPEI.(110)TAIWAN R.O.C.

（請沿虛線對折後寄回，謝謝）